AF390120

LEAN ENERGY 4.0
Guía de implementación

Luis Socconini - Juan Pablo Martín

Esta obra ha sido galardonada con el premio
Logisnet 2019 de Literatura Técnica, otorgado
por Marge Books con la colaboración del Salón
Internacional de la Logística (SIL Barcelona)

Colección: GESTIONA
Director: David Soler

LEAN ENERGY 4.0. GUÍA DE IMPLEMENTACIÓN
1.ª edición, 2019

© 2019, Luis Socconini Pérez Gómez, Juan Pablo Martín Gómez
© de esta edición, ICG Marge, SL

Edita: Marge Books
València, 558 – 08026 Barcelona
Tel. 931 429 486 - marge@margebooks.com
www.margebooks.com

Gestión editorial: Adrià Gibernau
Compaginación: Mercedes Lara
Impresión: Prodigitalk, SL (Martorell, Barcelona)

ISBN edición impresa: 978-84-17903-05-3
ISBN edición digital: 978-84-17903-06-0
Depósito Legal: B 16092-2019

El papel empleado en este libro no ha sido blanqueado con cloro elemental (CI_2).

Índice

Los autores

Luis Socconini

Es ingeniero industrial por el ITESM, campus Guadalajara. Tiene una maestría en Calidad y Productividad y es Master Black Belt.

Está Certificado en *Strategic Management* por la Universidad de Stanford, en *Leading Product Innovation* por la Universidad de Harvard y en *Industry 4.0* por el MIT.

Ha trabajado para la escuela de negocios de Wharton (Pensilvania), como consultor de empresas; en la Cervecería Grolsch, en Holanda, como ingeniero de procesos, y en IBM, como ingeniero de manufactura.

Como director de Lean Six Sigma Institute, desarrolla proyectos de alto impacto en empresas como Abbott Laboratories, Kraft Heinz, Coca Cola, BMW, Bimbo y Fender, entre otras. Desarrolla constantemente aplicaciones de productividad en sectores como la construcción,

Juan Pablo Martín

Es ingeniero industrial y de sistemas por el Instituto Tecnológico y de Estudios Superiores de Monterrey (Campus Guadalajara), con desempeño sobresaliente dentro del TOP 5 % en el examen Ceneval.

Realizó una maestría en Energía Renovable y Eficiencia Energética en la Universidad de Oldenburg, en Alemania. Trabajó en varias empresas alemanas relacionadas con el desarrollo de proyectos de energía renovable a pequeña y gran escala.

Con más de quince años de experiencia, ha participado en más de cincuenta proyectos de mejora en empresas en América, Europa y Asia con el Lean Six Sigma Institute, en donde desempeña sus actividades profesionales como Master Black Belt certificado por Swiss Alliance for Lean Six Sigma.

Sobre la base de sus conocimientos en la metodología Lean Six Sigma y en la minería, la agricultura, la administración pública, la energía, los servicios, etc.

Ha sido catedrático distinguido en varias universidades de prestigio en México.

Es autor de los libros:
- *Lean Company. Más allá de la manufactura*
- *Lean Manufacturing. Paso a paso*
- *El proceso de las 5 S en acción*
- *Certificación Lean Six Sigma Green Belt para la excelencia en los negocios*
- *Certificación Lean Six Sigma Yellow Belt para la excelencia en los negocios*

Es asimismo coautor del libro:
- *Lean Six Sigma. Sistema de gestión para liderar empresas.*

eficiencia energética, ha desarrollado junto con Luis Socconini la metodología Lean Energy, la cual combina la estructura de proyectos Lean Six Sigma con aspectos técnicos de eficiencia y ahorro de energía, energías renovables y conceptos de la industria 4.0.

Sus aportaciones en Lean Energy 4.0 promueven que las empresas puedan mejorar sus procesos operativos y, al mismo tiempo, reducir considerablemente sus consumos energéticos y la generación de emisiones contaminantes, es decir, restringir el impacto de las actividades industriales sobre el medio ambiente.

LEAN ENERGY 4.0

Guía de implementación

Capítulo 1
Introducción

En un entorno económico competitivo, es necesario que las empresas utilicen sus recursos de la manera más eficiente posible para mantener su permanencia en el mercado. La metodología Lean Six Sigma ha sido utilizada durante décadas para ayudar a las empresas a ejecutar sus operaciones con el mínimo de desperdicios y un alto nivel de calidad.

Uno de los recursos esenciales para el funcionamiento de cualquier actividad económica es la energía en todas sus formas (principalmente electricidad y combustibles fósiles). Racionalizar y hacer más eficiente su consumo ayuda a las empresas a mantener sus costos operativos bajos y, al mismo tiempo, a proteger al medio ambiente. Desafortunadamente, en la mayoría de las empresas, hay pocas personas capacitadas en este campo, lo que complica la implementación de proyectos de esta naturaleza.

Este libro tiene como finalidad explicar paso a paso y de manera clara y sencilla lo que se debe hacer para reducir el consumo energético en una organización, sea cual sea su actividad o su tamaño, sin sacrificar la calidad del producto o servicio que se ofrece.

1 Panorama energético mundial

El hecho de que las principales fuentes de energía primaria sean fósiles (petróleo, gas natural, gas esquisto, carbón etc.) y limitadas, y que se incremente la demanda de los países (los más desarrollados y aquellos en vías de desarrollo, que cada vez necesitan mayor volumen), origina que los precios de los productos energéticos suban constantemente.

En los países desarrollados, en los que existe un alto nivel de calidad de vida, es donde el consumo de energía por habitante es más elevado. Ello es un indicativo de que cuando un país aspira a mejorar el nivel de vida de sus habitantes, tiende a incrementar su consumo energético. En cualquier caso, los sistemas productivos actuales y los estilos de vida asociados dependen en buena medida de los combustibles fósiles.

Los principales combustibles fósiles empleados en la actualidad son el carbón, el gas natural y el petróleo. Se trata de restos orgánicos fosilizados, y son combustibles «no renovables» porque una vez que se utilizan se descomponen químicamente y ya no pueden ser reutilizados. El petróleo y el gas natural se formaron a partir de restos de plantas y animales que vivieron hace millones de años, y que quedaron sepultados a grandes profundidades por capas de sedimentos. Estos restos orgánicos, al permanecer sometidos a altas presiones, a altas temperaturas y en ausencia de oxígeno, formaron depósitos o reservorios de petróleo y de gas natural. Del petróleo, a su vez, se derivan diferentes tipos de combustibles, una vez que se procesa en refinerías. El carbón, por su parte, está también compuesto por restos de materia orgánica, y se

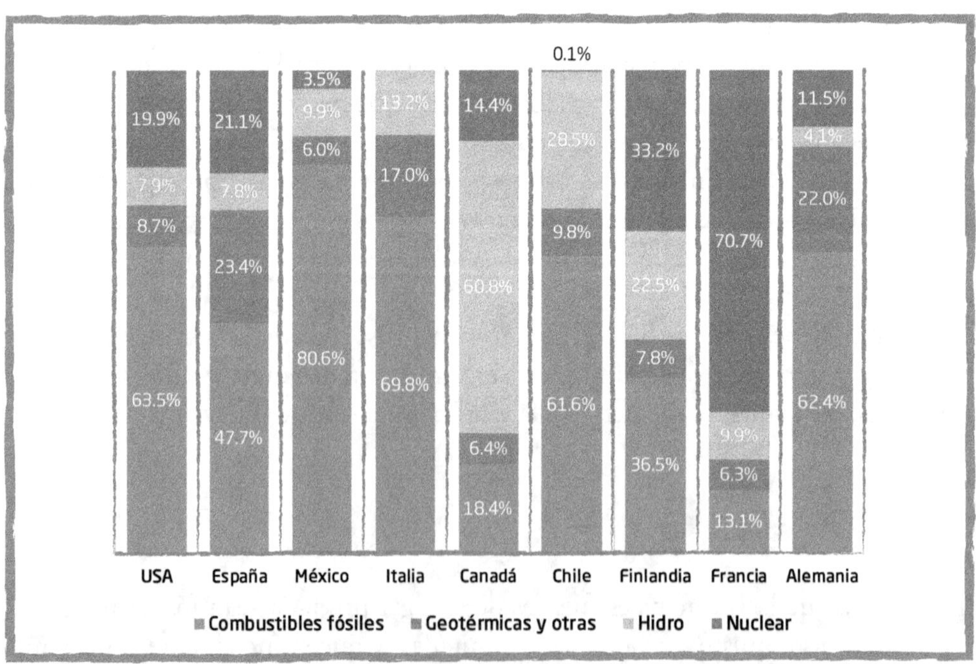

Fuente: Organización Latinoamericana de Energía (Olade), Informe de estadísticas energéticas (2018).

Figura 1.1. Origen de la energía eléctrica en diferentes países.

encuentra principalmente en zonas que alguna vez fueron pantanosas, hace millones de años, y que también quedaron sepultadas bajo capas de sedimentos.

Los combustibles fósiles son hidrocarburos (compuestos por átomos de hidrógeno y carbono), con un alto contenido energético que se libera cuando son quemados en la combustión. Según Peter Odell, profesor de Estudios Internacionales de Energía en la Universidad Erasmus de Rotterdam (Holanda), autor del libro *World and Oil Power,* a pesar de los esfuerzos internacionales por buscar e implementar fuentes de energía alternativas y limpias, seguiremos dependiendo fuertemente del petróleo al menos hasta el año 2100.

En la mayoría de las plantas generadoras de electricidad que abastecen a hogares y empresas, la electricidad se genera con la combustión de carbón o gas natural. Al quemar estos combustibles se libera una importante cantidad de energía en forma de calor, que hace que el aire en la cámara de combustión aumente su temperatura y se expanda, incrementando su presión. El vapor que se genera, sobrecalentado, pasa por unas turbinas, y al hacerlas girar, estas accionan un generador eléctrico que transforma la energía del movimiento (mecánica) de las turbinas, en energía eléctrica, útil para accionar los dispositivos que empleamos en nuestros hogares o en las empresas.

Adicionalmente, se ha demostrado que el uso generalizado de combustibles fósiles, que al ser quemados en la combustión producen dióxido de carbono (CO_2), es la principal causa del cambio climático que a escala mundial constituye ya una amenaza para la vida en nuestro planeta. Esta crisis climática genera cada vez con más fuerza alteraciones en el clima, con cambios importantes en las temperaturas y los periodos de sequía, o inundaciones intensas y la aparición de fenómenos naturales como huracanes en lugares donde normalmente no ocurren. Numerosos países, principalmente europeos, conscientes de este desequilibrio ecológico, han decidido implementar ambiciosos programas que limiten la generación de emisiones contaminantes, lo que ha generado un auge en la investigación, el desarrollo y la comercialización de soluciones que contrarresten este fenómeno. Entre estas soluciones se encuentran nuevos sistemas de producción de energías (solar y eólica, principalmente), legislaciones restrictivas respecto a emisiones contaminantes, e iniciativas industriales para fomentar el cuidado del medio ambiente.

Con estos antecedentes, es imprescindible considerar la necesidad de implementar medidas de eficiencia energética que permitan reducir el consumo de combustibles fósiles en las empresas, donde es factible reducirlo de un 10 a un 50 % mediante principios y herramientas de la metodología Lean Six Sigma, y el recurso de tecnologías disponibles en el mercado.

2   Lean Company 4.0

Estamos en los inicios de la cuarta revolución industrial, también llamada Industria 4.0, en donde la tecnología juega un papel clave en el desarrollo del trabajo y en la mejora de la calidad de vida.

Este cambio radical permitirá que se tomen mejores decisiones en las empresas respecto del uso de la energía, que se evalúen las mejores opciones con la ayuda de sistemas interconectados y con la capacidad de tomar decisiones autónomas, para conseguir ahorros significativos de energía. Con ello se evitará en gran medida la contaminación y el sobrecalentamiento global, aportando una mejora en la huella de carbono de empresas y personas.

En esta revolución industrial existen nueve elementos que deben tomarse en cuenta para el desarrollo de empresas más eficientes y productivas. Las personas que trabajan en ellas han de tener la oportunidad de un desarrollo profesional en donde los trabajos pasan de ser repetitivos a creativos, y en donde la sustentabilidad del medio ambiente es una de las mayores prioridades.

En la figura 1 vemos los elementos tecnológicos de la cuarta revolución industrial. Más adelante dedicaremos un capítulo a analizar cómo la tecnología 4.0 puede estar al servicio del ahorro energético y la preservación del medio ambiente.

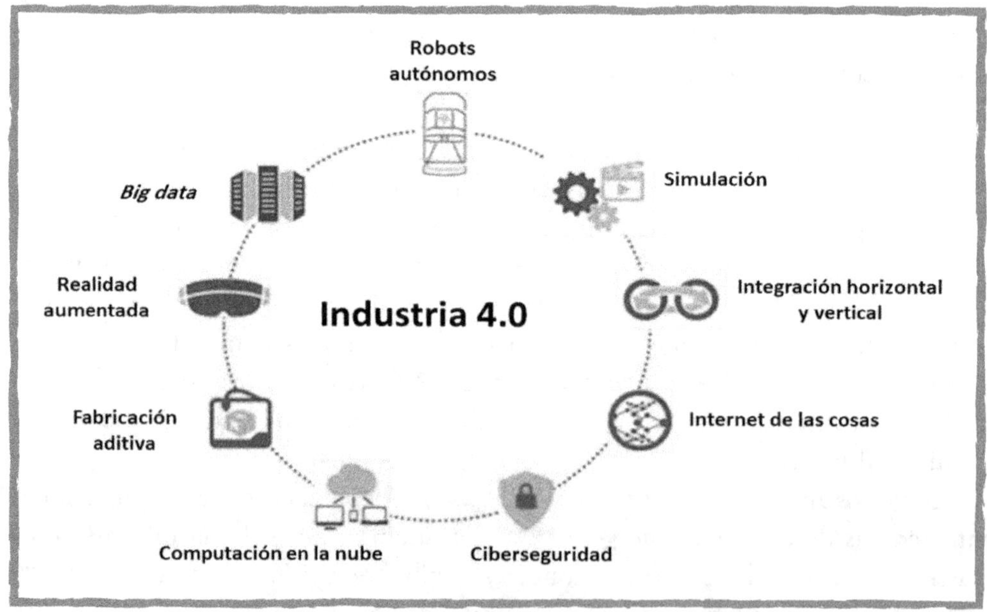

Figura 1.2. Las principales tecnologías de la Industria 4.0.

2.1 Gestión energética 4.0

En la cuarta revolución industrial, que integra tecnología para medir, analizar y mejorar la gestión de los recursos, el uso eficiente de estos es uno de los elementos más importantes para la conservación del medio ambiente y para mejorar significativamente la cantidad y calidad de la energía empleada.

La gestión de la energía se torna en un eje central para el desarrollo de compañías inteligentes, ya que sin energía la revolución industrial no existiría. Así, la automatización, la robótica, el internet de las cosas, la manufactura aditiva, la integración de sistemas y los demás elementos de la Industria 4.0 requerirán una mayor confiabilidad en el suministro energético para asegurar la continuidad de los servicios y la manufactura. Una confiabilidad imprescindible para los equipos humanos que prestan servicios en la sanidad, los aeropuertos, los centros de almacenamiento de datos o las empresas de manufactura, etc., que no deben interrumpir su actividad por falta de energía.

3 Razones para ahorrar energía

Algunas de las razones por las que es necesario implementar proyectos o programas de ahorro de energía son las siguientes:

- **Proteger el medio ambiente y detener el cambio climático.** Cada litro de combustible o kilovatio-hora ahorrado se traduce en una menor cantidad de CO_2 generado por el motor del vehículo o por la planta generadora de electricidad.

- **Ahorro económico.** Tanto los combustibles como la electricidad tienen un costo cada vez mayor, por lo que al reducir su consumo se reduce también el monto a pagar en la factura.

- **Reducir dependencia energética.** El conservar los recursos energéticos es también una cuestión de seguridad nacional y de soberanía energética. Al emplear los recursos energéticos eficientemente se reduce la dependencia de otros países (México, por ejemplo, como otros países de su región, produce petróleo, pero tiene que importar combustibles ya procesados, lo cual es una clara desventaja que sitúa al país en una posición vulnerable).

4   Qué es Lean Six Sigma y cómo se relaciona con proyectos de ahorro de energía

La metodología Lean Six Sigma es la integración de dos filosofías de trabajo muy experimentadas: *lean manufacturing* (manufactura esbelta) y *six sigma* (seis sigma). Lean Six Sigma significa trabajar con calidad y velocidad en todos los procesos clave de la empresa, apoyándose en las personas, con un enfoque sistémico.

Inicialmente, Lean y Six Sigma se desarrollaron con el objetivo de mejorar la calidad y productividad, pero con enfoques diferentes. Cabe destacar que su verdadera capacidad se consigue cuando ambas metodologías se integran, dando un resultado altamente efectivo en la búsqueda de la excelencia.

4.1   Lean Manufacturing

Es una metodología de trabajo desarrollada en Japón poco después del fin de la Segunda Guerra Mundial. Implementada inicialmente en la compañía fabricante de automóviles Toyota, le permitió en pocos años pasar de ser una pequeña empresa con serias limitantes económicas a competir y superar a las poderosas fabricantes estadounidenses. Su metodología fue conocida inicialmente como *Toyota Production System* y más tarde se implementó en empresas de muy diversa tipología, tanto de producción industrial como de servicios, en diferentes países del mundo.

Cuenta con herramientas que abarcan distintos aspectos de la actividad empresarial, como planificación estratégica, administración de operaciones, detección de áreas de oportunidad y simplificación del trabajo. Con Lean Manufacturing es posible simplificar las operaciones reduciendo al mínimo las **diez grandes fuentes de desperdicios:**

1) **Sobreproducción:** producir más de lo necesario.
2) **Sobreinventarios:** almacenar más productos de los necesarios.
3) **Procesos innecesarios:** actividades que no deberían hacerse, como repetir trabajos, inspecciones rutinarias, u otras que no agregan valor.
4) **Defectos y repetición de trabajos:** productos que no cumplen con los requerimientos de calidad necesarios.
5) **Transportes:** trasladar productos, materiales o información de un lugar a otro.
6) **Movimientos:** hacer que las personas se muevan continuamente de un lugar a otro.
7) **Esperas y búsquedas:** tiempo en que no se puede agregar valor por esperas y búsqueda de personas, materiales, equipo, información, etc.

8) **Energía:** exceso de energía más allá de la que realmente se necesita para desarrollar una actividad.
9) **Talento:** no aprovechar la creatividad, las ideas y las acciones de las personas.
10) **Contaminación:** afectar negativamente el medio ambiente al generar elementos contaminantes.

El reducir o eliminar estas fuentes de desperdicios repercute en una reducción considerable del tiempo de entrega de los productos o servicios. En el libro *Lean Manufacturing, paso a paso,* de Luis Socconini, se explica esta metodología de manera detallada y didáctica, con sus herramientas.

4.2 Six Sigma

Filosofía de negocios que se enfoca en reducir la variación en los procesos y así asegurar un altísimo nivel de calidad. Fue desarrollada en la década de 1980 en la empresa Motorola, en Estados Unidos, después que de su director general aceptara en una reunión con otros directivos de la compañía que la razón por la que Motorola estaba perdiendo terreno con los competidores japoneses era porque «Nuestra calidad apesta». En aquel momento, los niveles de calidad de los productos de Motorola eran muy inferiores a los de las marcas asiáticas, y si querían volver a ser líderes necesitaban cambios pronto.

Una empresa que trabaja con un **nivel de calidad de Six Sigma** genera solo 3,4 errores por cada millón de oportunidades. Empresas con niveles de calidad tan robustos se encuentran generalmente en los ramos de la electrónica, la industria biomédica, la farmacéutica y en la aeroespacial, en algunas ocasiones con niveles incluso superiores.

Esto no quiere decir que todas las empresas que implementan proyectos de Six Sigma lleguen a tales niveles, y por esta razón se puede generar cierta confusión en algunas personas. Existen proyectos de Six Sigma en los cuales el objetivo es reducir la variación en procesos críticos de la empresa. Esto puede contener aplicaciones tan amplias como reducir la variabilidad en el grosor de cierto componente electrónico, hasta reducir la variabilidad de la satisfacción del huésped en un hotel, pasando por una reducción de la variabilidad de la cantidad de insumos utilizados en una cirugía a corazón abierto.

Esta metodología tiene muchas aplicaciones, y en el ramo de la **eficiencia energética**, **reducir la variabilidad del consumo de energía** (eléctrica, térmica, neumática, etc.) o mejorar el desempeño energético de la empresa es una aplicación totalmente factible.

El enfoque es en la variabilidad, porque se ha comprobado que a medida que se reduce la variabilidad en las entradas de los procesos, se reduce también la variabilidad en la salida de los mismos, lo cual da como resultado una mejora sustancial en la calidad, y el costo de los mismos.

Lean y Six Sigma se aplican de manera sistémica en todas las áreas de las empresas: estrategia, desarrollo de nuevos productos, mercadotecnia, ventas, logística, servicio, manufactura, planificación, contabilidad, calidad, mantenimiento, recursos humanos, tecnologías de la información, compras, almacenes, etc.

Se pueden lograr importantes resultados en empresas, tanto si son de reciente creación y con cinco empleados hasta en grandes empresas de cientos de miles de empleados, y su aplicación puede realizarse en cualquier etapa del desarrollo de la compañía.

Además, su aplicación se puede realizar en todo tipo de organizaciones, tales como bancos, hospitales, entidades gubernativas, restaurantes, aeropuertos, minería, fundición, manufactura, farmacéuticas, alimentación y bebidas, logística, automotriz, construcción, agricultura, aeroespacial, comercio minorista, etc.

Sin excepción, todas las funciones y procesos antes mencionados requieren de energía para funcionar y, por lo tanto, representan oportunidades para ser mejorados con la aplicación de los métodos y prácticas que se exponen en este libro.

La metodología Six Sigma se divide en cinco etapas que se incluyen en el acrónimo DMAIC.

Etapa (inglés)	Etapa (español)
Define	Definir
Measure	Medir
Analize	Analizar
Improve	Mejorar
Control	Controlar

Estos pasos hacen sencilla la planificación y ejecución de proyectos de mejora. Durante años, las empresas han enfocado sus esfuerzos a mejoras en las áreas productivas y de calidad, pero veremos cómo su aplicación para cuestiones relacionadas con la energía también es muy apropiada.

En cada una de las etapas de la metodología utilizaremos herramientas de productividad y calidad para eliminar todos los desperdicios que describimos al principio de esta Introducción. Esto ofrecerá resultados altamente sorprendentes. Las mejores organizaciones del mundo se preparan para la nueva revolución industrial, en la que ya no son los grandes los que superan a los pequeños, sino que ahora los veloces son los que prevalecerán, y con ello se diseñarán las empresas del futuro.

Para desarrollar un proceso de transformación de una organización tradicional a una ágil, es importante considerar las siguientes fases para un resultado efectivo y un proceso de gestión de cambio ordenado.

Fase 1: Preparación

Durante esta fase la empresa se prepara para un cambio en la forma en que trabaja y genera resultados desarrollando las siguientes actividades:

- Diagnóstico inicial para identificar estado actual y oportunidades.
- Mapa de valor y consumo energético.
- Preparación del equipo directivo (empresarios y gerentes) en el conocimiento de Lean Six Sigma como filosofía, metodología y herramientas.
- Desarrollo de la visión y plan estratégico, así como los indicadores clave de la organización.
- Definición de un equipo líder para la implementación.
- Entrenamiento inicial en Lean Six Sigma.
- Elección de un área o proceso piloto.

Fase 2: Implementación piloto

En esta etapa, se desarrollarán los proyectos de mejora en ahorro de energía y mejoras para demostrar que se dispone del equipo adecuado, y que además se entregan resultados importantes mediante las siguientes actividades:

- Entrenar y certificar a todo el personal en actividades básicas de ahorro de energía y desarrollo sostenible.
- Entrenar algunos especialistas en herramientas avanzadas en ahorro de energía.
- Impulso de proyectos de ahorro de energía y desarrollo sostenible, aplicando la metodología, las herramientas y las acciones que se proponen en este libro.

Al final de esta etapa deberán existir personas capacitadas, resultados significativos y un equipo directivo altamente comprometido con la estrategia de mejora en la organización.

Fase 3: Despliegue

En la última etapa, se desarrolla un despliegue integral de la filosofía, la metodología y las herramientas Lean Six Sigma a todas las áreas de la organización, logrando resultados importantes de ahorro y desarrollo sostenible a largo plazo.

Capítulo 2
Definir

Un aspecto fundamental de cualquier proyecto es la etapa de planificación. En los proyectos Six Sigma es la etapa de **definir.** En ella se sientan las bases de la razón de ser de los proyectos, sus objetivos, los sistemas para medirlos, las personas que los integrarán y otros recursos que les serán asignados.

Es el punto de partida, en esta etapa es fácil, rápido y económico hacer ajustes a los proyectos, así que es conveniente realizar esta actividad a conciencia para evitar inconvenientes en el futuro.

1 Definir estrategias

Tener una estrategia clara contribuye a alcanzar los objetivos de una manera más sencilla. Es importante que los proyectos estén vinculados a directrices clave de la actividad de la empresa, como puede ser **reducir costos de operación,** y que queden plasmados en el plan estratégico *hoshin kanri.* Así cada quien sabe lo que debe hacer.

Para el ahorro energético existen dos estrategias principales:

- Entrenamiento y buenas prácticas.
- Instalación de tecnología.

La opción de **entrenamiento y buenas prácticas** suele contribuir con alrededor de un 25 % de ahorro al potencial de ahorro energético global en una organización.

- **Ventajas**
  - Inversión baja o nula.
  - Se puede implementar con las personas que ya trabajan en la empresa.
  - Consiste de cambios simples de hábitos y gestión.

- **Desventajas**
  - Se depende al 100 % de la buena voluntad y disponibilidad de las personas para que funcione y se mantenga.
  - Los beneficios sostenidos se pueden ver fácilmente afectados por la rotación del personal o los cambios de actitud de este.
  - Requiere de mucho tiempo y seguimiento de parte de la dirección y los líderes.
  - El impacto no es tan significativo en comparación con la instalación de tecnología.

El entrenamiento consiste en sensibilizar al personal y proporcionar algunos consejos prácticos sobre los beneficios de ahorrar energía. Estos beneficios son tanto ambientales, como para la salud de las personas y la economía, y se pueden aplicar por igual al entorno de trabajo o a sus hogares.

Las **buenas prácticas** son básicamente medidas sobre cómo definir y apegarse a un plan y horario específico de puesta en funcionamiento de ciertos equipos clave, así como considerar diferentes criterios antes de decidir si es oportuno encender o apagar otros equipos. También consideran en qué casos es recomendable procesar varias piezas en lote (procesos tipo «horno»), y en que casos en conveniente procesarlas de manera individual.

Para el caso de una **instalación de tecnología,** la cuestión es diferente. Esta contribuye con hasta un 75 % de ahorro en el potencial de ahorro de energía detectado en una organización.

- **Ventajas**
  - Si se instala hoy, en el mismo día ya se está ahorrando.
  - Su desempeño es fácilmente medible.
  - Operación robusta y en la mayoría de los casos con supervisión requerida mínima.

- **Desventajas**
  - Cuestan dinero.
  - Existe cierto recelo hacia este tipo de inversiones, debido a malas experiencias, o empresas (y personas) poco serias, que ofrecen productos o servicios que no cubren las expectativas.

– Escaso conocimiento sobre ahorro energético, y un «no se invierte en lo que no se conoce».

El mayor beneficio se logra cuando se puede aplicar una combinación de las dos estrategias, entrenar a las personas y aplicar una tecnología adecuada.

2   Definir equipos

Comúnmente, en las organizaciones la responsabilidad de ahorrar energía se confiere a una sola persona, la responsable de mantenimiento.

Definir los equipos de trabajo de esta manera tiene un impacto muy limitado. Esta persona suele estar a cargo de garantizar la continuidad de las actividades de la organización (que los procesos no paren por fallos o averías), así como de reparar cualquier desperfecto en las instalaciones (tales como reemplazar lámparas fundidas, repintar muros, arreglos de fontanería, etc.). Además, en caso de paro de una máquina a causa de algún fallo, su responsabilidad es repararla y lograr que arranque de nuevo en el menor tiempo posible.

Es muy difícil para una persona poder enfocarse hacia el ahorro energético cuando se tienen otras responsabilidades mucho más «relevantes» a los ojos de todos. Dicho de otra manera, la relevancia percibida de realizar una reparación de emergencia (mantenimiento correctivo) o reparar una fuga de agua en el comedor, suelen tener más peso y mayor urgencia que el ahorro de energía.

A menos que se disponga de un buen programa de mantenimiento productivo total o TPM *(total productive maintenance),* con alta disponibilidad de los procesos, es muy poco probable que el equipo de mantenimiento tenga tiempo para implementar exitosamente un programa de ahorro de energía. El modo de ejecución que ha demostrado un mayor porcentaje de implementaciones exitosas es mediante equipos multidisciplinarios y multinivel, que permiten un mejor entendimiento de los problemas y de las posibles medidas para solucionarlos.

Con esto nos referimos a integrar equipos de entre cinco y ocho personas para proyectos puntuales, con las diferentes visiones requeridas, como por ejemplo:

- Una o dos personas que trabajen en el área que se quiere mejorar.
- Una persona para mantenimiento.
- Una persona para supervisión de producción o servicio.
- Una persona para contabilidad o finanzas.

Esta distribución es solo una sugerencia, pero se ha demostrado que asignar este tipo de proyectos a equipos pequeños, de solo una o dos personas, no da buenos resultados, especialmente por la falta de nuevas ideas. Por el contrario, designar a grupos muy grandes de personas, hará demasiado complicado y poco práctico el control del equipo.

En empresas ágiles y comprometidas, generalmente se designan personas responsables del ahorro energético, que estén preparadas y dedicadas a esta actividad, para guiar a los equipos multidisciplinarios con un enfoque dirigido a cumplir las estrategias planteadas.

3   Definir estrategias y proyectos

Los proyectos son la parte activa de la ejecución de las estrategias y representan las acciones que hacen posible que la visión se ponga en marcha.

En la práctica, la falta de conocimiento sobre los temas que se explican en este libro es el principal obstáculo para desarrollar proyectos de ahorro de energía, ya que se piensa que es algo demasiado complejo o que solo teniendo un conocimiento muy especializado se puede contribuir. Este libro tiene como objetivo que sea sencillo y altamente satisfactorio hacer aportaciones a los proyectos centrados en el ahorro energético.

En todos los proyectos de mejora para desarrollar empresas ágiles, se deben definir mediciones o indicadores que sirvan como brújula para saber si se va en la dirección correcta. Estos indicadores parten de lo definido en el plan estratégico de la organización *(hoshin kanri)*.

Para cualquier indicador es necesario contar con una línea base o punto de partida, así como un objetivo retador, pero alcanzable en el tiempo definido para el proyecto. Esto es importante, ya que si se da inicio a las acciones de mejora sin tener mediciones de la situación inicial, no será posible cuantificar los ahorros de manera objetiva, y todo el esfuerzo no podrá llegar a ser reconocido. De la misma manera, contar con un objetivo bien definido permite hacer estimaciones de ahorro económico y beneficios ambientales, para saber de antemano lo interesante que será un proyecto.

En empresas tradicionales que no han implementado medidas de ahorro de energía, **es factible alcanzar reducciones de hasta un 50 %,** a través de un uso más racional de los equipos (hábitos), la adquisición de tecnología más eficiente y con tiempos de recuperación cortos, menores a dos años.

Es factible reducir incluso más los costos energéticos, pero normalmente estas medidas no suelen tener un tiempo de recuperación tan rápido. Pueden demorar

Año: 2019

HOSHIN KANRI

Filosofía:

Visión: Ser la mejor opción en el occidente del país y la que ofrezca el mejor servicio, con la mejor calidad al mejor precio para el 2020.

Misión: Proporcionar un servicio de calidad excepcional y ser una empresa atractiva tanto para los accionistas como para el personal.

Valores: Honestidad, Responsabilidad, Respeto, Puntualidad.

Slogan: Hacer las cosas bien y a la primera nos beneficia a todos

Fecha Emisión: 20/12/2020

Fecha Actualización: 20/12/2020

DIRECCIÓN		PLANIFICACIÓN DE LA GERENCIA			EJECUCIÓN				
Directrices (Qué)	Indicadores (Cuántos Qué)	Estrategias (Cómo - Qué)	Indicadores (Cuántos Cómo)	Responsable	Actividades clave / Proyectos de mejora	Líder	Inicio	Término	Estatus
1. Aumentar ventas	Aumentar en 15% ventas nacionales y 32% ventas internacionales	1.1. Vender servicios que agreguen valor	Ventas en $	VT, MK, DG	1.1.1. Diseñar paquetes de servicio al cliente	G. López	02/02/2019	08/10/2019	60%
		1.2. Más ventas con clientes actuales	Ventas en $	VT, MK, DG	1.1.2. Analizar frecuencia de compra	A. Franco	03/04/2019	10/12/2019	40%
		1.3. Nuevos productos en tiempo récord	Días de lanzamiento	VT, MK, IN	1.1.2. Visitas a clientes que dejaron de comprar	G. López	02/02/2019	06/09/2019	75%
		1.4. Entrar a nuevos nichos de mercado	Segmentos atacados	VT, MK, IN	1.3.1. Introducir ingeniería concurrente y DFSS	I. Solís	02/02/2019	07/07/2019	90%
2. Ser una empresa de clase mundial (reducir gastos)	Aumentar el beneficio de operación del 25% al 45%, reduciendo los defectos y mejorando la satisfacción del cliente	2.1 Implementar Lean 6 Sigma	Nivel Sigma de la planta	IN, CA, DG, RH	2.1.1. Entrenamiento a personal en Six Sigma	I. Solís	01/03/2019	12/11/2019	45%
			Satisfacción del cliente	IN, CA, DG, RH	2.1.2. Certificación de BB y GB	I. Solís	01/05/2019	06/08/2019	70%
			OEE	IN, CA, DG, RH	2.1.4. Implementar TPM en área piloto	I. Solís	01/05/2019	06/08/2019	50%
			Días de entrega	IN, CA, DG, RH	2.1.2. Implementación piloto en área A	I. Solís	01/03/2019	12/11/2019	55%
			Vueltas de inventario	IN, CA, DG, RH	2.1.2. Certificar al personal en multihabilidades a operadores	I. Solís	01/03/2019	12/11/2019	70%
			Gastos de operación	IN, CA, DG, RH	2.1.3. Implementar 5 S en planta 1	I. Solís	01/03/2019	12/11/2019	80%
			Porcentaje Scrap	IN, CA, DG, RH	2.1.5. Implementar flujo continuo en piloto	R. Gómez	14/02/2019	25/10/2019	75%
					2.1.6. Implementar SMED en área piloto	R. Gómez	14/02/2019	25/10/2019	50%
		2.2 Implementar Lean Energy	kWh/pieza	CA	2.2.1. Realizar auditorías internas	R. Gómez	14/02/2019	25/10/2019	30%
				Todos	2.2.2. Realizar todas las acciones correctivas	R. Gómez	14/02/2019	25/10/2019	70%
		2.3 Implementar Lean Office	Lead Time de órdenes	CA, SE, DG	2.3.1. Implementar Kanban	T. Garza	01/05/2019	06/08/2019	60%
				Todos	2.3.2. Implementar 5 S	T. Garza	01/03/2019	12/11/2019	100%
				IN, CAL	2.3.3. Implementar software	J. García	01/03/2019	12/11/2019	75%
3. Convertir al RH en una ventaja competitiva	Lograr rotación menor al 1% anual, sugerencias implantadas por persona	3.1 Establecer programa de sugerencias	Sugerencias por persona mensuales	RH	3.1.1. Hacer diagnóstico de clima organizacional	N. Hurtado	02/02/2019	08/10/2019	85%
					3.1.2. Establecer programa de sugerencias y presentarlo	N. Hurtado	03/04/2019	10/12/2019	70%
					3.1.3. Lanzamiento y capacitación a todo el personal del programa	N. Hurtado	02/02/2019	06/09/2019	75%
					3.1.4. Realizar auditorías de seguimiento	N. Hurtado	05/06/2019	03/12/2019	90%

Tabla 2.1. Plan estratégico *(hoshin kanri)* con Lean Energy.

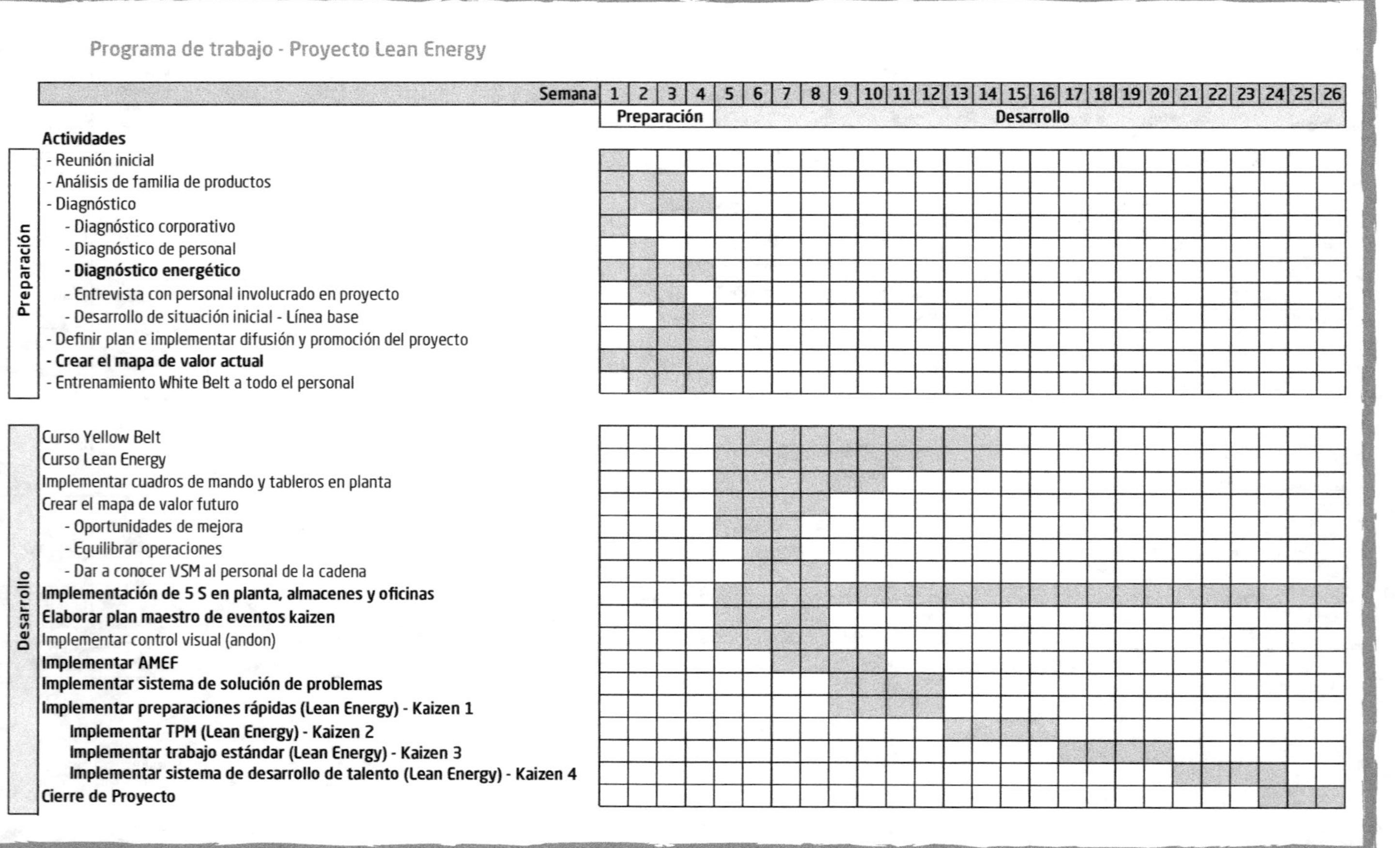

Programa de trabajo - Proyecto Lean Energy

Semana	1	2	3	4	5	6	7	8	9	10	11	12	13	14	15	16	17	18	19	20	21	22	23	24	25	26
	Prep.	Prep.	Prep.	Prep.	Desarrollo																					

Preparación — Actividades

Actividad	1	2	3	4	5	6	7	8	9	10	11	12	13	14	15	16	17	18	19	20	21	22	23	24	25	26
- Reunión inicial	■																									
- Análisis de familia de productos	■	■	■																							
- Diagnóstico	■	■	■	■																						
- Diagnóstico corporativo	■																									
- Diagnóstico de personal		■																								
- **Diagnóstico energético**	■	■	■	■																						
- Entrevista con personal involucrado en proyecto		■	■																							
- Desarrollo de situación inicial - Línea base			■	■																						
- Definir plan e implementar difusión y promoción del proyecto		■	■	■																						
- **Crear el mapa de valor actual**	■	■	■	■																						
- Entrenamiento White Belt a todo el personal		■	■	■																						

Desarrollo

Actividad	1	2	3	4	5	6	7	8	9	10	11	12	13	14	15	16	17	18	19	20	21	22	23	24	25	26
Curso Yellow Belt					■	■	■	■																		
Curso Lean Energy					■	■	■	■	■	■	■	■														
Implementar cuadros de mando y tableros en planta					■	■	■	■																		
Crear el mapa de valor futuro					■	■	■																			
- Oportunidades de mejora					■	■																				
- Equilibrar operaciones						■	■																			
- Dar a conocer VSM al personal de la cadena							■	■																		
Implementación de 5 S en planta, almacenes y oficinas					■	■	■	■	■	■	■	■	■	■	■	■	■	■	■	■	■	■	■	■	■	■
Elaborar plan maestro de eventos kaizen					■	■	■	■																		
Implementar control visual (andon)							■	■																		
Implementar AMEF									■	■	■															
Implementar sistema de solución de problemas											■	■	■													
Implementar preparaciones rápidas (Lean Energy) - Kaizen 1													■	■	■											
Implementar TPM (Lean Energy) - Kaizen 2																■	■	■								
Implementar trabajo estándar (Lean Energy) - Kaizen 3																			■	■	■					
Implementar sistema de desarrollo de talento (Lean Energy) - Kaizen 4																						■	■	■		
Cierre de Proyecto																										■

Tabla 2.2. Diagnóstico mediante un diagrama de Gantt y proyecto Lean Energy.

más de dos años y son cambios más radicales, muchas veces incluso con generación eléctrica propia, mediante energía solar, gas natural, etc., dependiendo del consumo global de la empresa.

Fijar un objetivo excesivamente estricto con antelación puede ser aventurado. Por este motivo, es recomendable hacer un **prediagnóstico Lean Energy** antes de poner en marcha un proyecto de este tipo, con el fin de fijar con claridad cuáles pueden ser unos objetivos realistas (se revisa con más detalle en el capítulo 3, «Medir y mapear los consumos energéticos»).

3.1 Definir proyectos energéticos utilizando el cuadro de mando

El cuadro de mando o *box score* permite evaluar con una frecuencia semanal los indicadores más operativos, que en algunos casos pueden ser los mismos que los planteados en el plan estratégico y en otros solo pueden estar relacionados.

Esta herramienta va muy de la mano con fijar indicadores de desempeño para medir el progreso en proyectos de ahorro de energía .

En el ejemplo de la tabla 2.3 se puede ver el historial del desempeño del indicador «kWh/pieza». El objetivo es de «42 kWh/pieza» y se aprecia como ese número ha ido fluctuando semanalmente. Cuando el objetivo se cumple, se pinta la celda de color verde, cuando no, de color rojo. En este caso se observa que en las últimas tres semanas no se ha cumplido con el objetivo.

BOX SCORE	Objetivo	13-may	20-may	27-may	03-jun	10-jun	17-jun
Unidades por persona	21	14	16	18	20	19	23
Entregas a tiempo	100%	100%	100%	100%	100%	100%	100%
Tiempo de entrega (días)	4	3	4	1	3	4	5
Días de Puerta a Puerta	3	6	12	23	14	9	7
Calidad a la primera	95%	80%	80%	80%	85%	85%	85%
kWh/pieza	42	41	43	41	43	47	43
Costos de calidad	$1,000	$2,345	$3,112	$645	$345	$1,245	$3,124
Costo promedio de producto	$350	$ 343	$ 337	$ 362	$ 338	$ 337	$ 325
Valor del inventario	$545,000	$3,004,234	$2,334,756	$2,945,893	$2,564,392	$1,945,678	$1,234,975
Vueltas de inventario	12	4.50	4.00	6.70	7.10	8.30	9.00
Costos de mantenimiento	$1,000	$2,820	$645	$2,323	$976	$1,733	$756
Evaluación 5 S	95%	95%	98%	100%	89%	93%	94%
OEE	85%	70%	73%	75%	79%	81%	81%

Tabla 2.3. Ejemplo de cuadro de mando o *box score*.

En el capítulo sobre control se revisará de qué modo es posible asegurar que las personas responsables se centren en resolver este problema de una manera ágil y sencilla, llamada los cuatro cuadrantes (o las 4Q).

Si bien el cuadro de mando por sí solo no genera ahorros, resulta de gran ayuda para saber hacia dónde es necesario focalizar los esfuerzos para mejorar el desempeño. En la medida en que se aprecie una mejora constante en el cuadro de mando, también esta se verá reflejada en el plan estratégico.

En caso de no contar con información suficiente para realizar comparaciones con acciones de ahorro de energía de otras empresas (información en internet, comparación de procedimientos o de mejores prácticas), muchas compañías simplemente definen como objetivo reducir un 5 % el consumo (kWh) o la facturación de las empresas proveedoras respecto del año anterior, y aplicar este criterio anualmente como política corporativa.

Se sugiere no enfocarse tanto en alcanzar un monto económico de ahorro, ya que los precios fluctúan debido a factores externos sobre los cuales no tenemos el control. Lo que si podemos afectar es la cantidad de energía consumida (kWh) y demandada (kW) (estos conceptos se explican ampliamente en el capítulo 3, «Medir y mapear los consumos energéticos»).

Es también importante definir el **caso de negocio** en donde se explica de una manera clara, sencilla y con datos, cual será el impacto estimado de este proyecto para la organización. Es muy importante que el área de finanzas contribuya a obtener este valor.

Se puede emplear la estructura presentada a continuación para definir la situación inicial de cualquier problema, y hacer hincapié en la necesidad de un proyecto de mejora que genere un cambio. Solamente hay que reemplazar las letras en negrita y subrayadas por los criterios aplicables a la situación en cuestión.

> Como compañía, el desempeño de nuestro **indicador de kWh/pieza** para el área **Planta 3** no está cumpliendo con el objetivo de **0.4 kWh/pieza**. Esto está causando problemas de **consumo excesivo de electricidad y un incremento del 20 % en emisiones de dióxido de carbono (CO$_2$)**, los cuales cuestan alrededor de **\$100 000 dólares por año.**

El presentar información de esta manera tan clara y sencilla, facilita la toma de decisiones de la gerencia y asegura que se enfoquen esfuerzos en las iniciativas con mayor impacto.

Evidentemente, para generar este enunciado es necesario una investigación previa, analizar detenidamente los datos y contar con el apoyo de personal de finanzas para evaluar económicamente el impacto de la mejora potencial.

4 Definir retorno de inversión

Antes de llevar a cabo cualquier proyecto en una organización, es muy importante conocer qué beneficios de esperan a cambio. Esto facilita poder decidir entre varias alternativas posibles cuál es la que merece mayor apoyo.

Este punto es clave. Generalmente, las personas involucradas en cuestiones de mantenimiento y temas ambientales (quienes suelen estar a cargo de proyectos de Lean Energy), suelen estar muy capacitadas en los aspectos técnicos, pero carecen de conocimientos y herramientas en los económicos para presentar el proyecto para su aprobación a la gerencia, que no sabe de aspectos técnicos (y no tiene porqué saberlo, pero sabe de inversiones); así que se hace necesario que todos empleen el mismo idioma: el valor económico.

Aspectos operativos, técnicos y económicos más puntuales sobre cómo generar los ahorros, se explican en los siguientes capítulos con detalle. En este apartado, se busca resumir toda esa información y presentar dos indicadores comúnmente utilizados. Si bien es cierto que existen otros criterios para la evaluación de proyectos, por simplificar solo se manejarán estos:

- Retorno sobre la inversión (ROI).
- Tiempo de recuperación de la inversión simple.

4.1 Retorno sobre la inversión (ROI)

En las empresas se suceden continuamente oportunidades de negocio en diferentes ámbitos, y es necesario definir un criterio para poder decidir en dónde invertir. Al usar la metodología Lean Six Sigma, un criterio muy utilizado es el retorno sobre la inversión o ROI *(return on investment)*.

Para este sistema de medición es importante definir un horizonte temporal, que comúnmente es de un año, ya que así se suelen medir el resto de las inversiones.

Si la empresa tiene ya dinero invertido en acciones y recibe un 8 % de rendimiento, quiere decir que si a inicios del año invirtió $100 000 dólares, al final del año tendrá $108 000 dólares.

Si se busca conseguir el interés de la dirección en proyectos de Lean Energy, de acuerdo con el ejemplo presentado, el ROI debe de ser mayor del 8 %. Una medida que requiera una inversión de $100 000 dólares y al final del año tenga un valor de $115 000 dólares, tiene un ROI del 15 % y, por lo tanto, será una oportunidad más interesante.

Es importante tener esto claro, porque el proyecto que se defina para Lean Energy también debe tener un porcentaje de retorno sobre la inversión para poder comparar y decidir si es rentable invertir en ese proyecto.

Con frecuencia se pensaba que al desarrollar proyectos que favorecieran al medio ambiente, había que sacrificar el interés económico. Sin embargo, está demostrado

Ejemplo de retorno sobre la inversión

Para un proceso industrial en una empresa del sector de la alimentación, se decidió invertir $200 000 USD en calentadores solares de agua para reducir el consumo de gas natural. Debido a la reducción de consumo de gas, se espera ahorrar $115 000 USD al año.

¿Cuál es el ROI?

$$\frac{\text{Ahorro anual (\$)}}{\text{Inversión inicial - gasto anual (\$)}} = \frac{\$115\,000}{\$200\,000} = 0.575.$$

= 57.5 % de ROI anual estimado.

Un ROI mayor al 50 % quiere decir que el proyecto se paga solo en menos de dos años, y esto suele considerarse una inversión que merece ser realizada.

De la misma manera, a partir del ROI se puede calcular el tiempo de retorno de la inversión y viceversa.

Considerando que el ROI es anual, entonces:

ROI = 57.5 % anual.

que, si se seleccionan adecuadamente las oportunidades y los proyectos, ahorrar energía puede ser una de las mejores inversiones que realice una empresa.

Es posible que en algunos casos, al reemplazar motores muy viejos por otros nuevos y de alta eficiencia, por ejemplo, obtener un ROI anual de hasta el 300 %. Estos retornos de inversión pueden ser incluso mayores con medidas muy básicas y sencillas, como hacer reparaciones para suprimir fugas de vapor, agua, o gas, que comúnmente son despreciadas por la simplicidad de las mismas.

La manera de calcular el ROI consiste en comparar cuanto se invirtió al inicio del período (puede ser semana, mes o año, que es la medida más común), y cuanto se recuperó al final del periodo.

Esto quiere decir que en un año se recupera el 57.5 % de los $200 000 USD, o bien 0.575 × $200 000, que son $115 000, que es lo mismo que se tenía como condición inicial. Suponiendo que este ritmo de recuperación permanece constante, eso indica que si en un año se recuperan $115 000 USD,

¿Cuánto se recupera cada mes?

$$\frac{\$115\ 000 \text{ USD al año}}{12 \text{ meses}} = 9\ 583.33 \text{ USD al mes.}$$

¿En cuánto tiempo de recupera la inversión entonces?

Si la inversión fue de un total de $200 000 dólares y cada mes se recuperan $9 583.33 dólares, entonces:

$$\frac{\$200\ 000 \text{ USD}}{9\ 583.33 \text{ USD al mes}} = 20.87 \text{ meses para recuperar la inversión.}$$

Esto nos dice que en menos de 21 meses (un año y nueve meses) se habrá recuperado la inversión.

Teniendo claros estos principios, se hace más sencillo plantear escenarios a la dirección para tomar decisiones.

Capítulo 3

Medir y mapear los consumos energéticos

Una de las fases más importantes de los proyectos Lean Energy radica en la correcta cuantificación de los desperdicios energéticos, así como en conocer perfectamente las áreas y los equipos que generan dichos desperdicios.

A continuación, se presentan diferentes maneras de obtener esta información, algunas muy sencillas y fáciles de realizar por cualquier persona con un conocimiento básico de esta cuestión, y otras que requieren de un equipo especializado para obtener datos más precisos.

En la fase de medición el objetivo es conocer con detalle qué tipo de energía se requiere y cómo esta se distribuye y utiliza en toda la organización, para tener claro el consumo energético en las diferentes aplicaciones.

1 Tipos de energía

Las organizaciones cuentan con diferentes requerimientos para diferentes tipos de energía de acuerdo con su aplicación final (véase la tabla 3.1).

Es importante entender qué tipo de energía se necesita y la cantidad adecuada. Para algunas aplicaciones, como es el caso de la iluminación, existen normativas nacionales e internacionales que nos permiten tener una previsión de la cantidad de energía que se requiere. Para otras, existen parámetros de operación especificados por la empresa fabricante para diferentes escenarios (por ejemplo, la presión con la que una bomba debe bombear el agua, o la temperatura a la que un equipo de climatización debe enfriar una habitación).

TIPOS DE ENERGÍA Y SUS APLICACIONES

Energía primaria	Energía aplicada	Función	Ejemplos	Unidad de medición	Instrumento de medición
Electricidad	Lumínica	Iluminar espacios	Lámparas, luminarias, focos, sistemas de iluminación y equipos auxiliares (balastros, arrancadores, etc.)	Luxes	Luxómetro
Electricidad	Neumática	Desplazamiento de aire	Sistemas de Aire comprimido, compresores, sistema de manejo de materiales, herramientas, maquinaria en general.	BAR, PSI (Libras por pulgada cuadrada)	Manómetro
Electricidad	Mecánica	Movimiento y fuerza	Motores, herramientas, bandas transportadoras, etc.	HP (Caballos de fuerza), kW (Kilowatts mecánicos)	Dinamómetro
Electricidad	Bombeo	Desplazamiento de líquidos	Bombas de agua, aceite, refrigerantes (usadas en maquinaria, uso sanitario), etc.	HP (Caballos de fuerza), kW (Kilowatts mecánicos)	Dinamómetro
Electricidad	Eléctrica	Óptimo funcionamiento de la red eléctrica	Sistema eléctrico, transformadores, bancos de capacitores, cables, etc.	kW, kWh, Factor de potencia, % perdida de energía	Analizador de redes
Electricidad	Electrónica	Comunicación y administración	Equipos de oficina, computadoras, impresoras, telefonía, etc.	kW, kWh, Factor de Potencia, % Perdida de energía	Analizador de redes
Electricidad / Combustibles	Térmica	Climatización y refrigeración	Cámaras de refrigeración, refrigeradores, congeladores, sistemas de aire acondicionado.	Toneladas de refrigeración	Amperímetro, termohigrómetro, sensores de temperatura
Electricidad / Combustibles	Térmica	Calentar, generación de vapor	Hornos, resistencias, calderas, etc.	Temperatura, % humedad	Termopar, higrómetro, sensores de temperatura
Electricidad / Combustibles	Transporte	Movimiento de productos y personas	Montacargas, vehículos personales, vehículos de carga, etc.	km/ litro (combustible), km/ kWh (eléctrico)	Medidor de distancia recorrida, calculadora

Tabla 3.1. Tipos de energía y sus aplicaciones principales.

Las desviaciones respecto a estos valores representan un área de oportunidad para determinar que los equipos no están funcionando adecuadamente, o que pudieran estar funcionando por debajo de su capacidad, pero no necesariamente consumiendo menos energía. En otro escenario podría ocurrir que los equipos estén trabajando por encima de los valores establecidos en las normas o especificaciones de la empresa fabricante y, además, consumiendo más energía de la necesaria. Esto representa un desperdicio que necesita ser identificado y, en caso de justificarse su solución, ser entonces corregido.

Cabe resaltar que, si bien hay muchas mediciones para el uso final de la energía, los tipos de energía que se suministran se pueden clasificar en:

- **Energía eléctrica**, la cual se mide en «paquetes de energía» que se conocen como kilovatio-hora (kWh).
- **Energía térmica (o combustibles),** que se comercializa generalmente en kilogramos (kg) o metros cúbicos (m^3), para el caso de gas natural o el gas licuado de petróleo (LP) y en litros (l) para combustibles como diésel o gasolina.

Para cualquier tipo de energía existen instrumentos de medición para el consumo. Los más relevantes son los que se refieren a la energía eléctrica y la energía térmica, que se utilizan para que la empresa suministradora efectúe el cobro.

2   Mediciones de energía eléctrica

Así como medimos las distancias en metros (m) o el peso de los objetos en kilogramos, la electricidad se mide en kilovatios-hora, no en «kilovatios por hora», ni «kilovatios», que también trataremos más adelante.

Entonces, ¿es mucho o poco un kilovatio-hora? ¿Qué se puede hacer con esta cantidad de energía? De hecho, hacer un cálculo de cuanto consumen los aparatos eléctricos o electrónicos de nuestra casa o trabajo es muy sencillo, con algunas nociones sobre este tema.

Para calcular la energía eléctrica utilizada, solo hay que multiplicar la potencia del aparato por las horas de uso.

Por ejemplo una cafetera consume 1 kW y permanece encendida unas cinco horas al mes. Entonces, 1 kW × 5 horas = 5 kWh al mes.

De la misma manera un televisor LED consume aproximadamente 75 W (0.075 kW) y está encendido alrededor de unas 60 horas al mes. Por lo tanto, 0.075 kW × 60 horas = 4.5 kWh al mes.

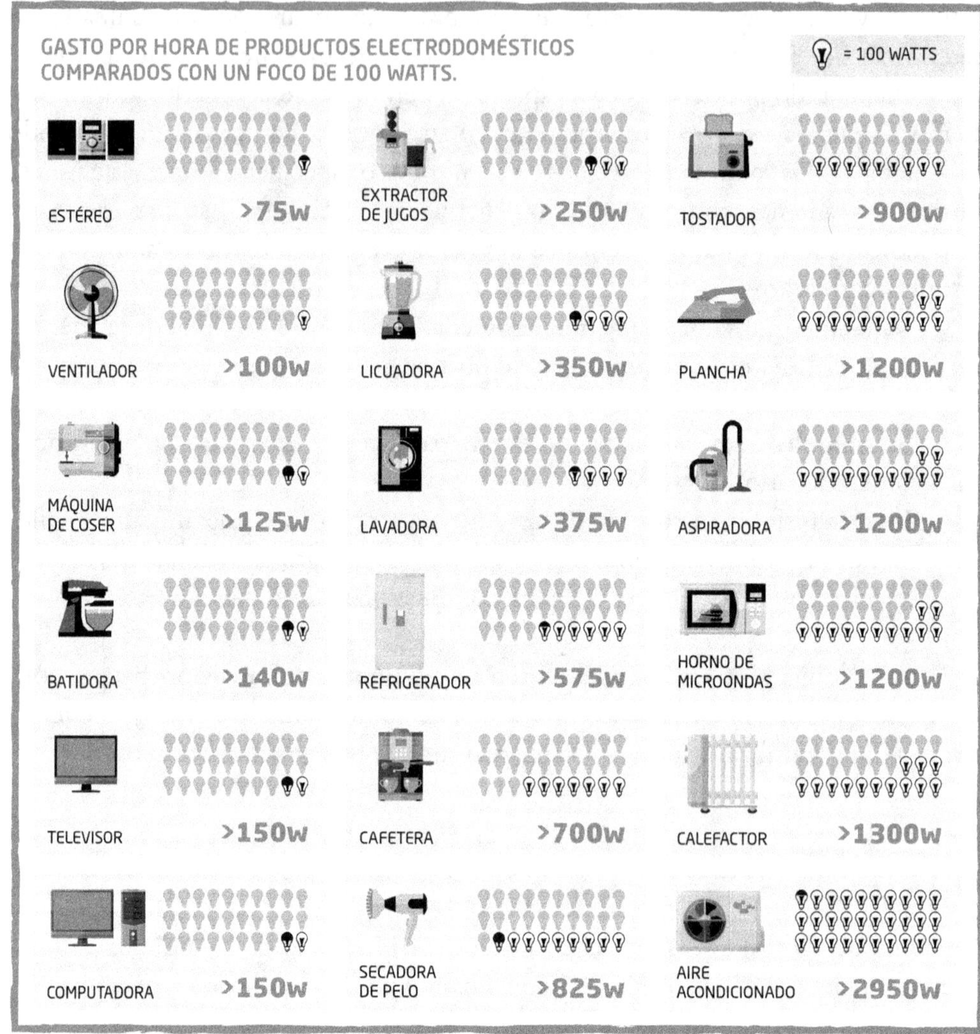

Figura 3.1. Equipos domésticos más comunes y sus consumos.

En este caso llama la atención que, aunque el televisor estuvo encendido más de doce veces el tiempo que la cafetera, el consumo de electricidad fue mucho menor. Esto indica que algunos equipos de menor potencia (menos vatios) terminan gastando más energía en kilovatios-hora que otros de mayor potencia, solo por el tiempo que están en funcionamiento.

Esto pasa con otros electrodomésticos como, por ejemplo, el refrigerador (0.3 kW) al compararlo con el horno tostador (0.6 kW).

Ejercicios Curso Lean Energy						
¿Qué aparato es el que consume más energía eléctrica al mes? Ordenalos de mayor a menor consumo:						
Aparato	Potencia	Horas / día	Horas / mes	Energía consumida	Energía consumida	Orden
Nombre	W	Horas	Horas	Wh	kWh	Mayor a menor
Refrigerador	300	14	420	126,000	126	1
Mini split 1.5 TR	1950	2	60	117,000	117	2
Plancha	1400	0.50	15	21,000	21	3
Ventilador	100	5	150	15,000	15	4
Foco incadescente 100 W	100	4	120	12,000	12	5
Lavadora de ropa	500	0.75	22.5	11,250	11	6
Laptop 13″	60	5	150	9,000	9	7
Secadora de pelo	950	0.25	7.5	7,125	7	8
TV LCD 32″	85	2	60	5,100	5	9
Horno tostador	600	0.17	5	3,000	3	10
Foco ahorrador (eq. 100 W)	20	4	120	2,400	2	11
				TOTAL	328.88	kWh/mes

Tabla 3.2. Ejemplo de consumo en un domicilio familiar en verano.

En la tabla 3.2 se pueden ver los consumos promedio en un domicilio familiar en verano, aunque aplica también para oficinas.

En el caso de los hogares, cada kilovatio-hora tiene un precio asignado y al multiplicar el conjunto de los consumidos por el precio se obtiene el monto a pagar.

3   Interpretación de la factura de electricidad

Las compañías eléctricas de todo el mundo siguen un criterio estandarizado para el cobro de este servicio. Cobran principalmente dos conceptos básicos:

* Consumo: es la energía utilizada, medida en kilovatios-hora.
* Demanda: es la potencia máxima (kW) utilizada, medida en intervalos de quince minutos.

Tanto para la demanda como para el consumo de energía eléctrica es común que existan diferentes horarios con distintos precios. Esto lo hacen las compañías eléctricas como una manera de buscar nivelar el consumo, tratando que sea lo más uniforme posible durante todas horas del día. Es mucho más barato y eficiente tener a una planta eléctrica trabajando todo el tiempo a un 70 % de su capacidad, que tenerla unas veces al 10 % y otras al 110 %.

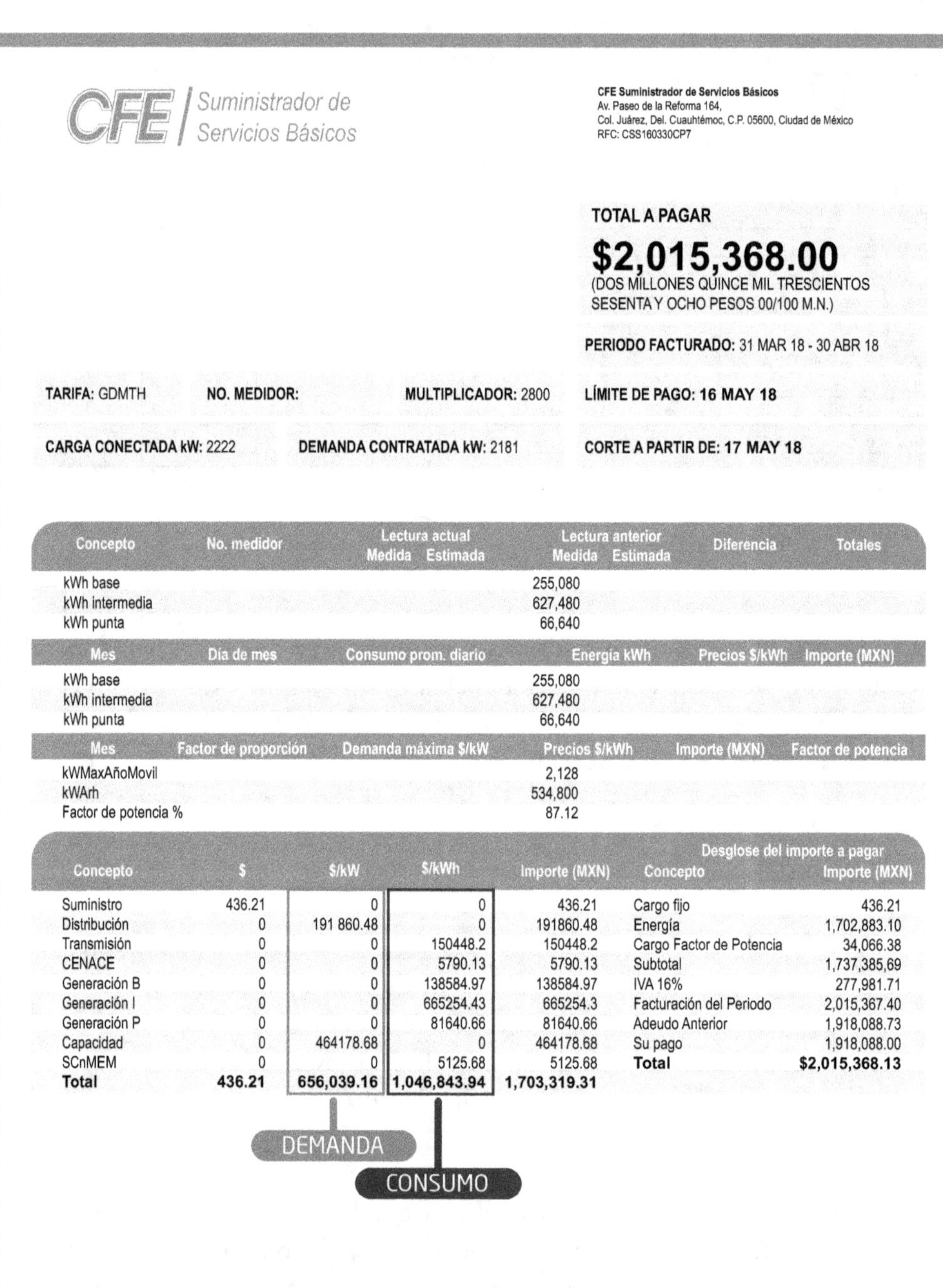

Concepto	No. medidor	Lectura actual Medida	Lectura actual Estimada	Lectura anterior Medida	Lectura anterior Estimada	Diferencia	Totales
kWh base				255,080			
kWh intermedia				627,480			
kWh punta				66,640			

Mes	Día de mes	Consumo prom. diario	Energía kWh	Precios $/kWh	Importe (MXN)
kWh base			255,080		
kWh intermedia			627,480		
kWh punta			66,640		

Mes	Factor de proporción	Demanda máxima $/kW	Precios $/kWh	Importe (MXN)	Factor de potencia
kWMaxAñoMovil			2,128		
kWArh			534,800		
Factor de potencia %			87.12		

Concepto	$	$/kW	$/kWh	Importe (MXN)	Concepto	Importe (MXN)
					Desglose del importe a pagar	
Suministro	436.21	0	0	436.21	Cargo fijo	436.21
Distribución	0	191 860.48	0	191860.48	Energía	1,702,883.10
Transmisión	0	0	150448.2	150448.2	Cargo Factor de Potencia	34,066.38
CENACE	0	0	5790.13	5790.13	Subtotal	1,737,385,69
Generación B	0	0	138584.97	138584.97	IVA 16%	277,981.71
Generación I	0	0	665254.43	665254.3	Facturación del Periodo	2,015,367.40
Generación P	0	0	81640.66	81640.66	Adeudo Anterior	1,918,088.73
Capacidad	0	464178.68	0	464178.68	Su pago	1,918,088.00
SCnMEM	0	0	5125.68	5125.68	**Total**	**$2,015,368.13**
Total	**436.21**	**656,039.16**	**1,046,843.94**	**1,703,319.31**		

Figura 3.2. Ejemplo de factura de una compañía suministradora.

Figura 3.3. Mapa de regiones tarifarias en México.

3.1   Cobro por energía y demanda

Es algunos países es común que el cobro de la electricidad cambie según las zonas geográficas, de acuerdo con el clima en cada región y las fuentes de energía. Esta información se puede obtener en la web de cada compañía eléctrica.

3.2   Contratos para sector empresarial

Los contratos con las compañías eléctricas se establecen en función del voltaje (tensión) con el que se suministra la electricidad. A mayores voltajes, menor es el costo de la electricidad, pero mayor es la inversión en transformadores para bajar el voltaje del nivel al que es surtido al que es necesario para la maquinaria y los equipos.

Lo interesante aquí es encontrar el punto óptimo, considerando los niveles de consumo y el precio de la energía (kWh) y la demanda (kW), así como el precio del transformador adecuado para sus requerimientos.

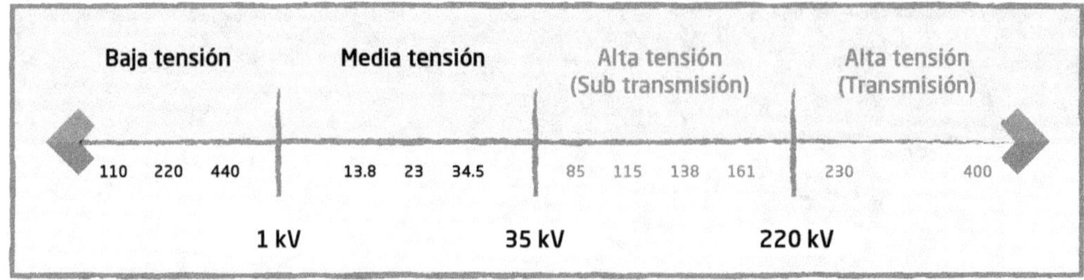

Figura 3.4. Niveles de tensión para contratos de suministro.

Este tipo de contratos es común para inmuebles con consumos mayores a lo normal para domicilios particulares y oficinas, principalmente debido al consumo de electricidad de media tensión, esto es mayor a 1 000 voltios (V). Como referencia, la gran mayoría de domicilios y oficinas trabajan en el rango de baja tensión, con voltajes de 110 o 220 V. Casi todos los equipos de oficina, la electrónica de consumo, trabajan en este rango. Sin embargo, para aplicaciones industriales, esto ya no es suficiente.

Cuando se trata de media tensión, es común que las compañías eléctricas hagan cargos adicionales, además de desglosar por partes los conceptos de energía y demanda.

Estos cargos suelen ser:

- Precios diferenciados de acuerdo al horario de consumo.
- Cargo mínimo (por tener activo el servicio).
- Penalización o bonificación por factor de potencia.

3.3   Precio según el horario de consumo

Los precios de la energía eléctrica pueden variar considerablemente en función de:

- Hora del día.
- Época del año (verano o invierno).
- Región del país.
- Oferta y demanda.

Por lo general, los precios diferenciados por horarios solo aplican para empresas, en media tensión o mayores, mientras que los domicilios particulares y las oficinas suelen quedar exentas de estos precios diferenciados, donde prevalecen los fijos, sin importar a qué hora se realice el consumo.

Regiones Central, Noreste, Norte, Peninsular y Sur

Del primer domingo de abril al sábado anterior al último domingo de octubre

Día de la semana	Base	Intermedio	Punta
Lunes a viernes	0:00 - 6:00	6:00 -20:00 22:00 - 24:00	20:00 - 22:00
Sábado	0:00 - 7:00	7:00 - 24:00	
Domingo y festivo	0:00 - 19:00	19:00 - 24:00	

Del último domingo de octubre al sábado anterior al último domingo de abril

Día de la semana	Base	Intermedio	Punta
Lunes a viernes	0:00 - 6:00	6:00 -18:00 22:00 - 24:00	18:00 - 22:00
Sábado	0:00 - 8:00	8:00 - 19:00 21:00 - 24:00	19:00 - 21:00
Domingo y festivo	0:00 - 18:00	18:00 - 24:00	

Figura 3.5. Ejemplo de tarifas y horarios de consumo.

En la madrugada, cuando la demanda eléctrica es baja, es cuando el precio de la electricidad es más bajo. Durante la mayor parte del día, cuando las personas están trabajando en las empresas, y ya que son en su gran mayoría las empresas quienes usan el servicio, el precio es moderado. Al anochecer, cuando las personas salen de trabajar y van a sus casas, y cuando la cantidad de usuarios de electricidad es la más elevada (ya que tanto empresas como usuarios particulares y alumbrado público la necesitan), es cuando la electricidad suele alcanzar su precio máximo.

El sector industrial suele representar un pequeño número de suscriptores comparado con los suscriptores residenciales (menos del 5 % del total). Sin embargo, son responsables de más del 90 % del consumo, y de ahí la importancia de contar con mecanismos que incentiven o desincentiven el uso de la electricidad en ciertos horarios.

Los horarios específicos para cada país, se pueden consultar en la web de cada compañía eléctrica.

Siguiendo con este ejemplo, veamos en la figura 3.5 cómo se concreta en el caso de México.

3.4 Cobro por consumo

El cobro por consumo es el más sencillo de medir y de explicar. Consiste simplemente en sumar las cantidades de paquetes de energía eléctrica o kilovatios-hora que consume una máquina, un proceso o una empresa en cierto período de tiempo. En

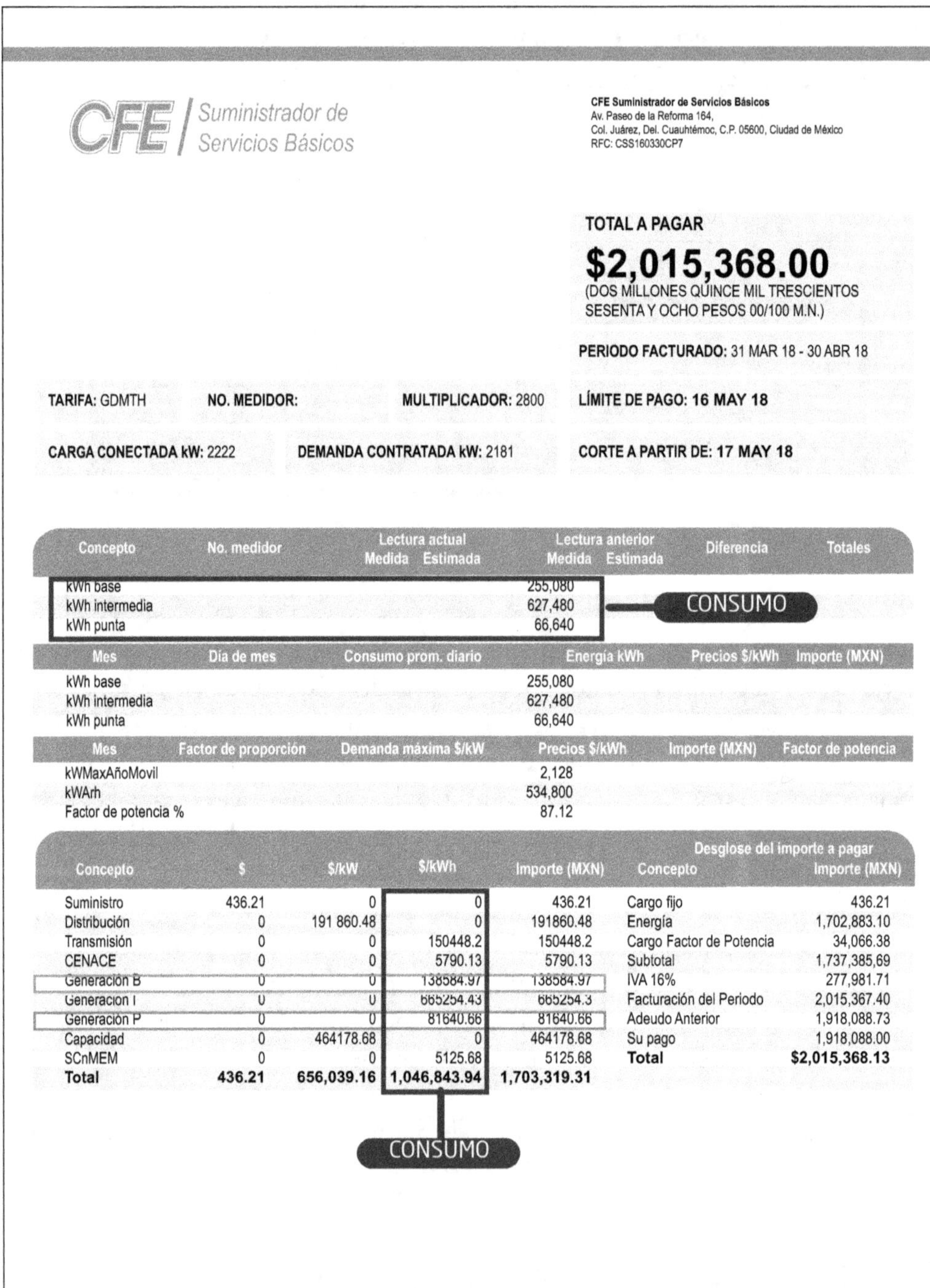

Concepto	No. medidor	Lectura actual Medida	Lectura actual Estimada	Lectura anterior Medida	Lectura anterior Estimada	Diferencia	Totales
kWh base				255,080			
kWh intermedia				627,480			
kWh punta				66,640			

Mes	Día de mes	Consumo prom. diario	Energía kWh	Precios $/kWh	Importe (MXN)
kWh base			255,080		
kWh intermedia			627,480		
kWh punta			66,640		

Mes	Factor de proporción	Demanda máxima $/kW	Precios $/kWh	Importe (MXN)	Factor de potencia
kWMaxAñoMovil			2,128		
kWArh			534,800		
Factor de potencia %			87.12		

Concepto	$	$/kW	$/kWh	Importe (MXN)	Concepto (Desglose del importe a pagar)	Importe (MXN)
Suministro	436.21	0	0	436.21	Cargo fijo	436.21
Distribución	0	191 860.48	0	191860.48	Energía	1,702,883.10
Transmisión	0	0	150448.2	150448.2	Cargo Factor de Potencia	34,066.38
CENACE	0	0	5790.13	5790.13	Subtotal	1,737,385,69
Generación B	0	0	138584.97	138584.97	IVA 16%	277,981.71
Generación I	0	0	665254.43	665254.3	Facturación del Periodo	2,015,367.40
Generación P	0	0	81640.66	81640.66	Adeudo Anterior	1,918,088.73
Capacidad	0	464178.68	0	464178.68	Su pago	1,918,088.00
SCnMEM	0	0	5125.68	5125.68	**Total**	**$2,015,368.13**
Total	**436.21**	**656,039.16**	**1,046,843.94**	**1,703,319.31**		

Figura 3.6. Explicación del consumo en una factura de electricidad.

las tarifas para empresas pequeñas y medianas (hasta 100 kW de demanda), la electricidad suele costar lo mismo sin importar la hora en que se consuma. Sin embargo, para empresas de mayor consumo (por encima de 100 kW de demanda), el precio de cada kilovatio-hora cambia según los tramos horarios.

Cómo se puede ver en la figura 3.6, en los recuadros de la parte superior de la factura vienen detallados los consumos correspondientes a los diferentes horarios: base, intermedia y punta.

En la parte inferior, se hace un desglose y se presenta el cobro también de acuerdo a los horarios, sin embargo, no se presenta el precio de cada kilovatio-hora, solo el total del consumo por horario. Sin embargo, para entender de manera práctica el impacto de usar la electricidad en un horario o en otro, haremos los cálculos para determinar en cuanto se vendió cada kilovatio-hora para cada horario, según la información de la factura:

- En el tipo base: $138 584,97 pesos dividido entre 255 080 kWh = $0.54 pesos/kWh ($0.03 USD/kWh).
- En intermedia: $665 254,30 pesos, entre 627 480 kWh = $1.06 pesos/kWh) ($0.05 USD/kWh)
- En punta: $81 640,66 pesos, entre 66 640 kWh= $1.23 pesos/kWh ($0.06 USD/kWh)

Es interesante observar que la energía en la tarifa intermedia cuesta casi el doble que en horario base, mientras que en horario punta cuesta un 20 % más que en intermedia y casi 140 % más que en base.

3.5 Cobro por demanda

La demanda, también conocida como «potencia», se mide en kilovatios (kW) y esto indica la cantidad de equipos consumidores de electricidad que están funcionando simultáneamente.

Supongamos en una empresa se tienen los siguientes equipos:

- Línea de producción 1 (20 kW).
- Línea de producción 2 (20 kW).
- Línea de producción 3 (20 kW).

La demanda total en este caso, si usamos todos los equipos al mismo tiempo, es de 60 kW.

Para las compañías eléctricas es preferible tener clientes que consumen poco y de manera estable, a tener clientes impredecibles que continuamente encienden y apagan muchos equipos al mismo tiempo. Al tener esta incertidumbre, las compañías eléctricas deben de estar preparadas y listas para producir más electricidad en caso de que alguna de estas empresas decida conectar a la red equipos adicionales.

Supongamos que para las líneas de producción, es necesario que cada una de ellas trabaje cuatro horas al día. Hay varias maneras de hacer esto, la primera sería que funcionen todas al mismo tiempo, y que cuatro horas después, todas sean apagadas. Si este fuera el caso, entonces tendríamos 60 kW de las tres líneas.

En total serían 60 kW de manera simultánea. En este caso, cada kilovatio tiene un precio, que puede variar dependiendo del horario de consumo.

Si en lugar de esto, decidimos activar solo las líneas 1 y 2, y cuatro horas más tarde, las apagamos y encendemos la línea 3, entonces, lo máximo que usaremos serán 40 kW, y esto impactará positivamente en un ahorro económico.

Las compañías eléctricas suelen hacen estos cargos basándose en intervalos de quince minutos. Esto quiere decir que se pagará mensualmente un monto que va relacionado con la demanda más alta del mes en cada horario, de acuerdo a la potencia demandada en cualquier intervalo de quince minutos.

Dicho de otra forma, si la demanda normalmente es de 50 kW, pero por un descuido un día se tuvo una demanda 100 kW por un periodo de quince minutos, entonces lo que cobrará serán los 100 kW. Esto es debido a que la compañía eléctrica tiene que estar preparada para suministrar esta potencia cuando sea necesario.

Al aplanar la demanda y escalonar los horarios para activar la maquinaria se contribuye a reducir la facturación, lo cual se conoce como «administración de la demanda». De la misma manera, se puede programar el encendido de las máquinas con mayor potencia (demanda) a los horarios en donde esta es más barata.

En la figura 3.7 se aprecia el registro de la demanda en la factura de electricidad. Si bien no se presenta el precio unitario, al dividir $656 039,16 entre 2 218 kW obtenemos que cada kilovatio cuesta en este caso $308.29/kW al mes ($15.40 USD/kW al mes).

Esto quiere decir que si se encontrara una manera de reducir la demanda máxima 100 kW (menos del 5 % de la demanda total), se podría obtener un ahorro de $30 829 mensuales ($1 541.45 USD al mes).

En esta factura se aprecia que $656 039,16 pesos ($32 801 USD) corresponden a lo que se debe pagar en concepto de demanda.

Existen alternativas con base tecnológica que pueden ayudar a monitorear estas condiciones en tiempo real e incluso a emprender acciones correctivas de manera automática. Esto se abordará con más detalle al tratar temas relacionados con Lean Energy e industria 4.0.

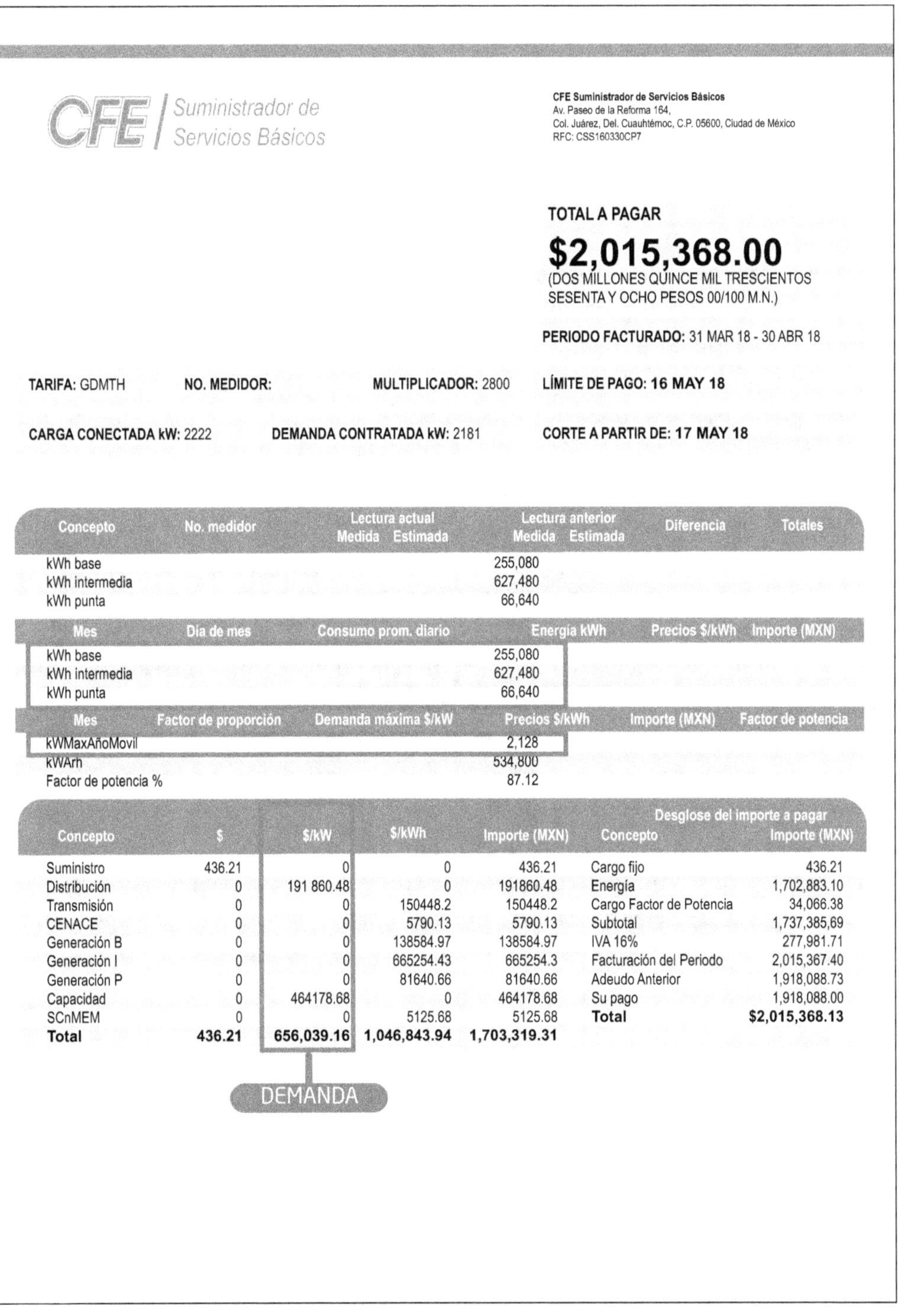

Concepto	No. medidor	Lectura actual Medida Estimada	Lectura anterior Medida Estimada	Diferencia	Totales
kWh base			255,080		
kWh intermedia			627,480		
kWh punta			66,640		

Mes	Día de mes	Consumo prom. diario	Energía kWh	Precios $/kWh	Importe (MXN)
kWh base			255,080		
kWh intermedia			627,480		
kWh punta			66,640		

Mes	Factor de proporción	Demanda máxima $/kW	Precios $/kWh	Importe (MXN)	Factor de potencia
kWMaxAñoMovil			2,128		
kWArh			534,800		
Factor de potencia %			87.12		

Concepto	$	$/kW	$/kWh	Importe (MXN)	Concepto	Importe (MXN)
					Desglose del importe a pagar	
Suministro	436.21	0	0	436.21	Cargo fijo	436.21
Distribución	0	191 860.48	0	191860.48	Energía	1,702,883.10
Transmisión	0	0	150448.2	150448.2	Cargo Factor de Potencia	34,066.38
CENACE	0	0	5790.13	5790.13	Subtotal	1,737,385,69
Generación B	0	0	138584.97	138584.97	IVA 16%	277,981.71
Generación I	0	0	665254.43	665254.3	Facturación del Periodo	2,015,367.40
Generación P	0	0	81640.66	81640.66	Adeudo Anterior	1,918,088.73
Capacidad	0	464178.68	0	464178.68	Su pago	1,918,088.00
SCnMEM	0	0	5125.68	5125.68	**Total**	**$2,015,368.13**
Total	**436.21**	**656,039.16**	**1,046,843.94**	**1,703,319.31**		

Figura 3.7. Detalle de la demanda en la factura de electricidad.

3.6   Factor de potencia

Con esta medición se puede determinar la eficiencia en el uso de la electricidad, es decir, qué porcentaje se convierte efectivamente en «trabajo» (movimiento de motores, bombeo de agua, iluminación, etc.) y que tanto se va en «pérdidas». Esto se conoce como «factor de potencia» y se mide en porcentaje.

Un factor de potencia mayor al 90 % recibe comúnmente bonificaciones económicas, mientras que un factor de potencia menor suele recibir penalizaciones. Este valor puede cambiar dependiendo del país, y la información sobre él suele encontrarse en la web de la compañía eléctrica.

Este es uno de los factores que encarecen el costo de la energía eléctrica, y también es uno de los que se pueden corregir más fácilmente y con retornos de inversión muy atractivos.

Como se puede apreciar en la figura 3.8, tener un factor de potencia de 87,12 % (menor a 90 %) le está costando a esta empresa $34 000 pesos al mes ($1 700 USD). Si la empresa sube su factor de potencia al 90 %, dejaría que pagar una penalización. Incluso, si lo subiera por encima del 90 % recibiría una bonificación que ayudaría a reducir el costo de la facturación total.

La solución más sencilla y rentable consiste en «bancos de capacitores», unos dispositivos que permiten generar más energía capacitiva y menos energía inductiva, es decir, aumentan el porcentaje del factor de potencia de manera que se dejen de recibir penalizaciones y, en su caso, se reciban bonificaciones.

Estos dispositivos de pueden adquirir en empresas de material eléctrico y electrónico industrial, y se pueden configurar a la medida de acuerdo a los requerimientos de la empresa. Si se considera el monto de la inversión y se compara con lo que se dejaría de pagar de penalización, en muchos casos la inversión se recupera en tan solo unos meses.

3.7   Otros cobros

En la mayoría de los países con un mercado eléctrico abierto a inversiones privadas, existen otros elementos que inciden en la facturación de las compañías eléctricas, como son los siguientes:

- **Suministro:** es un cargo mensual fijo por el derecho a recibir suministro energético, independiente del monto consumido.
- **Distribución:** representa la renta del «ancho de banda» de los cables para transportar la electricidad desde la subestación de la compañía eléctrica más

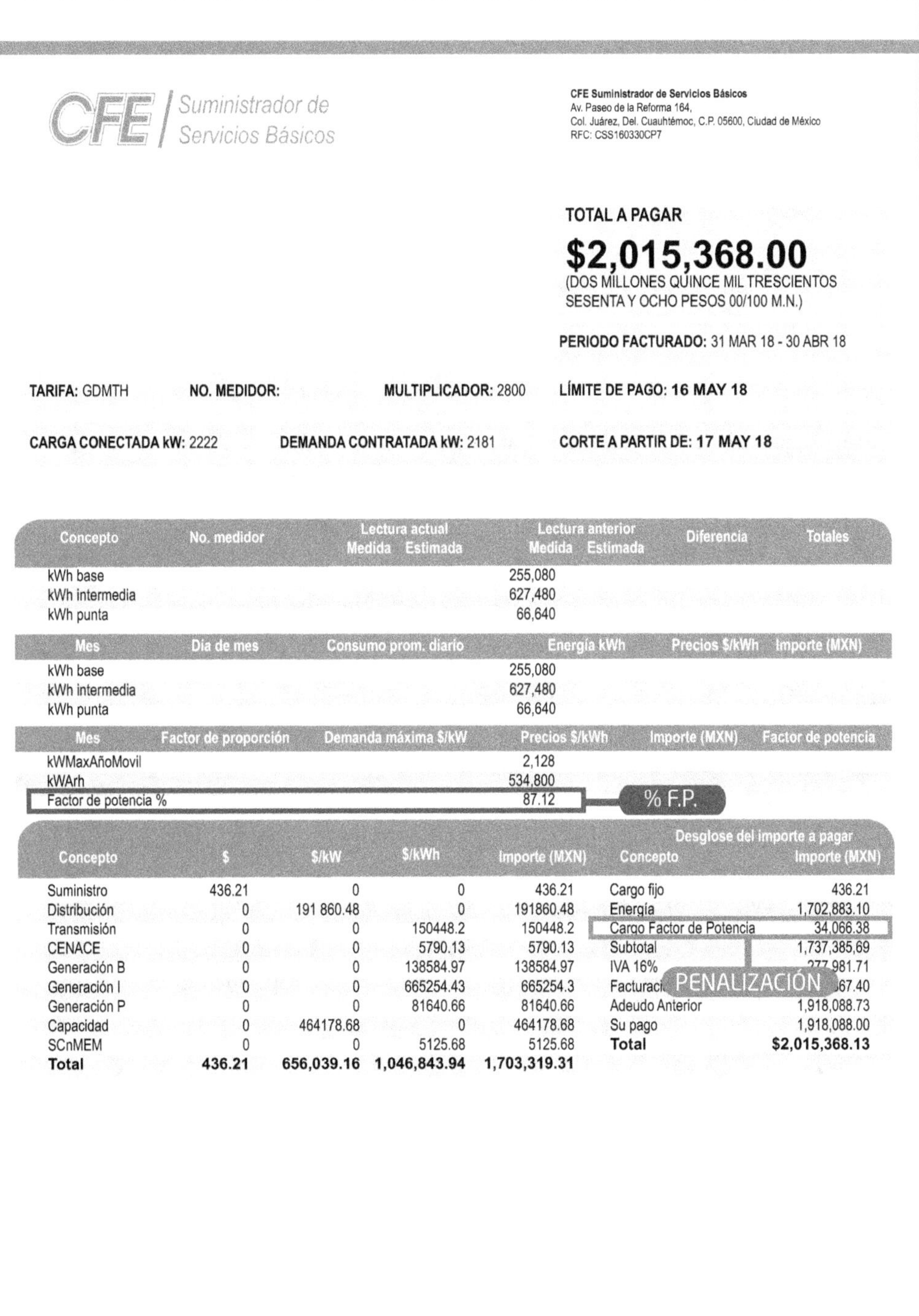

Concepto	No. medidor	Lectura actual Medida	Lectura actual Estimada	Lectura anterior Medida	Lectura anterior Estimada	Diferencia	Totales
kWh base				255,080			
kWh intermedia				627,480			
kWh punta				66,640			

Mes	Día de mes	Consumo prom. diario	Energía kWh	Precios $/kWh	Importe (MXN)
kWh base			255,080		
kWh intermedia			627,480		
kWh punta			66,640		

Mes	Factor de proporción	Demanda máxima $/kW	Precios $/kWh	Importe (MXN)	Factor de potencia
kWMaxAñoMovil			2,128		
kWArh			534,800		
Factor de potencia %			87.12		

Concepto	$	$/kW	$/kWh	Importe (MXN)
Suministro	436.21	0	0	436.21
Distribución	0	191 860.48	0	191860.48
Transmisión	0	0	150448.2	150448.2
CENACE	0	0	5790.13	5790.13
Generación B	0	0	138584.97	138584.97
Generación I	0	0	665254.43	665254.3
Generación P	0	0	81640.66	81640.66
Capacidad	0	464178.68	0	464178.68
SCnMEM	0	0	5125.68	5125.68
Total	**436.21**	**656,039.16**	**1,046,843.94**	**1,703,319.31**

Desglose del importe a pagar — Concepto	Importe (MXN)
Cargo fijo	436.21
Energía	1,702,883.10
Cargo Factor de Potencia	34,066.38
Subtotal	1,737,385.69
IVA 16%	277,981.71
Facturaci...	...67.40
Adeudo Anterior	1,918,088.73
Su pago	1,918,088.00
Total	**$2,015,368.13**

Figura 3.8. Detalle del factor de potencia en la factura de electricidad.

CFE Suministrador de Servicios Básicos
Av. Paseo de la Reforma 164,
Col. Juárez, Del. Cuauhtémoc, C.P. 05600, Ciudad de México
RFC: CSS160330CP7

TOTAL A PAGAR

$2,015,368.00
(DOS MILLONES QUINCE MIL TRESCIENTOS
SESENTA Y OCHO PESOS 00/100 M.N.)

PERIODO FACTURADO: 31 MAR 18 - 30 ABR 18

TARIFA: GDMTH   **NO. MEDIDOR:**   **MULTIPLICADOR:** 2800   **LÍMITE DE PAGO: 16 MAY 18**

CARGA CONECTADA kW: 2222   **DEMANDA CONTRATADA kW:** 2181   **CORTE A PARTIR DE: 17 MAY 18**

Concepto	No. medidor	Lectura actual		Lectura anterior		Diferencia	Totales
		Medida	Estimada	Medida	Estimada		
kWh base				255,080			
kWh intermedia				627,480			
kWh punta				66,640			

Mes	Día de mes	Consumo prom. diario	Energía kWh	Precios $/kWh	Importe (MXN)
kWh base			255,080		
kWh intermedia			627,480		
kWh punta			66,640		

Mes	Factor de proporción	Demanda máxima $/kW	Precios $/kWh	Importe (MXN)	Factor de potencia
kWMaxAñoMovil			2,128		
kWArh			534,800		
Factor de potencia %			87.12		

Concepto	$	$/kW	$/kWh	Importe (MXN)	Desglose del importe a pagar	
					Concepto	Importe (MXN)
Suministro	436.21	0	0	436.21	Cargo fijo	436.21
Distribución	0	191 860.48	0	191860.48	Energía	1,702,883.10
Transmisión	0	0	150448.2	150448.2	Cargo Factor de Potencia	34,066.38
CENACE	0	0	5790.13	5790.13	Subtotal	1,737,385,69
Generación B	0	0	138584.97	138584.97	IVA 16%	277,981.71
Generación I	0	0	665254.43	665254.3	Facturación del Periodo	2,015,367.40
Generación P	0	0	81640.66	81640.66	Adeudo Anterior	1,918,088.73
Capacidad	0	464178.68	0	464178.68	Su pago	1,918,088.00
SCnMEM	0	0	5125.68	5125.68	**Total**	**$2,015,368.13**
Total	**436.21**	**656,039.16**	**1,046,843.94**	**1,703,319.31**		

Figura 3.9. Detalle de otros conceptos que incrementan la factura de electricidad.

cercana próxima hasta el medidor en las instalaciones en el punto de consumo (cobrado con demanda, en kilovatios).

- **Transmisión:** representa la renta del «ancho de banda» de los cables para transportar la electricidad desde la planta de generación eléctrica hasta la subestación de la compañía eléctrica más cercana en la localidad donde se ubique el punto de consumo (cobrado con consumo, en kilovatios-hora).
- **Entidad** de control de la energía (Cenace, en el ejemplo): cuota que se paga a la entidad que gestiona y controla la capacidad de transmisión eléctrica del país y el equilibrio entre oferta y demanda (cobrado con consumo, en kilovatios-hora).
- **Generación B, I, P (baja, intermedia, punta):** costo de producir la electricidad (cobrado con consumo, en kilovatios-hora).
- **Capacidad:** es la capacidad de producción «reservada» en las plantas eléctricas, para poder cubrir los picos de demanda de una organización (cobrado con demanda, en kilovatios).
- **SCnMEM:** servicios conexos no incluidos en el mercado eléctrico mayorista, vinculados a la operación del sistema eléctrico de cada país, necesarios para garantizar la calidad, confiabilidad, continuidad y seguridad (cobrado con consumo, en kilovatios-hora).

Todos estos conceptos se articulan en alguna de las tres columnas que integran los cargos del recibo (véase la figura 3.10).

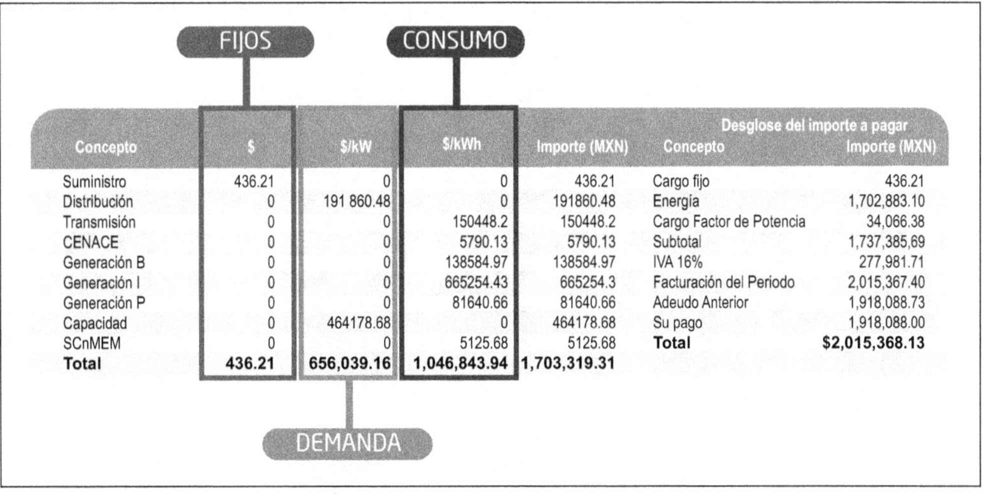

Concepto	$	$/kW	$/kWh	Importe (MXN)	Desglose del importe a pagar	
					Concepto	Importe (MXN)
Suministro	436.21	0	0	436.21	Cargo fijo	436.21
Distribución	0	191 860.48	0	191860.48	Energía	1,702,883.10
Transmisión	0	0	150448.2	150448.2	Cargo Factor de Potencia	34,066.38
CENACE	0	0	5790.13	5790.13	Subtotal	1,737,385,69
Generación B	0	0	138584.97	138584.97	IVA 16%	277,981.71
Generación I	0	0	665254.43	665254.3	Facturación del Periodo	2,015,367.40
Generación P	0	0	81640.66	81640.66	Adeudo Anterior	1,918,088.73
Capacidad	0	464178.68	0	464178.68	Su pago	1,918,088.00
SCnMEM	0	0	5125.68	5125.68	**Total**	**$2,015,368.13**
Total	**436.21**	**656,039.16**	**1,046,843.94**	**1,703,319.31**		

Figura 3.10. Los conceptos complementarios se organizan como fijos, de demanda o de consumo.

En resumen, los cargos de la factura de electricidad pueden ser:

- **Fijos:** es el cargo por el servicio, es lo menos que se puede pagar, sin importar cuál sea el consumo (cargo de suministro).
- **Demanda:** son aquellos conceptos que se agrupan para cobrarse de acuerdo con los kilovatios de potencia máxima consumida (cargos de distribución y capacidad).
- **Consumo:** es el total de kilovatios-hora consumidos en diferentes horarios con sus precios respectivos (cargos de transmisión, control de la energía, generación en horarios de demanda baja, intermedia y punta, así como servicios conexos).

3.8 Interpretación del recibo de combustibles (gas, diésel, etc.)

En el caso de los combustibles el monto a facturar está relacionado solamente con la cantidad de unidades consumidas, litros de combustible, metros cúbicos de gas, etc.

La mejor medida de control en este caso es tener instalados medidores propios y registrar regularmente los consumos, con el fin de verificar que los montos que se cobran sean reales.

Las oportunidades de ahorro radican en la reducción del consumo de combustible con los mismos principios que al ahorrar energía eléctrica. Es necesario centrarse en aplicar **buenas prácticas** (utilizar los equipos de la manera correcta y solo cuando sea necesario) y disponer de la **tecnología** adecuada (utilizando los combustibles de mejor calidad que den mayor rendimiento, y los equipos más eficientes para optimizar la capacidad energética de los combustibles).

4 Mapeo del uso y consumo de la energía

Para poder entender realmente los procesos y cuáles son las principales áreas de oportunidad, es importante disponer de una referencia gráfica. Esto permitirá saber cómo estamos y cómo podemos llegar a estar.

4.1 Mapa de valor

Un mapa de valor es una herramienta de la metodología Lean que muestra gráficamente todas las actividades requeridas en una organización para proveer un producto o servicio, desde que el cliente hace un pedido hasta que este es entregado (y en algunos casos hasta que se cobra al cliente). Estos mapas hacen énfasis en clarificar en qué parte del proceso se agrega valor y en dónde se desperdician recursos.

Existen dos tipos de mapas de valor, el actual, que es una foto de cómo están los procesos en un momento determinado, y el futuro, que es cómo se quiere que estén esos procesos a medio plazo (seis meses). El objetivo es que mediante unos proyectos de mejora se pueda hacer la transición del estado actual al futuro.

Con el paso del tiempo, el mapa futuro se convierte en el actual y se tiene que definir un nuevo mapa con nuevos retos que lograr.

Esta metodología puede muy bien aplicarse para el ahorro energético, ya que en cada paso del proceso es posible también incluir qué recurso energético se utiliza y en qué cantidades, al hacer mediciones de consumo energético. Para obtener esta información será necesario realizar un diagnóstico energético,

Como se vio anteriormente, es posible saber cuánta electricidad se empleó en cada pieza, kilogramo o tonelada producida, por ejemplo, simplemente dividiendo el total de energía (kilovatios-hora) consumida en un día de trabajo, entre la cantidad de partes producidas ese día, obteniendo con ello un indicador básico de eficiencia energética.

En el ejemplo de la figura 3.11, se consumen 250 kWh al día para producir 500 piezas, con lo que emplean **0.5 kWh por pieza producida.**

Este es el punto de partida (estado actual), y el objetivo sería lograr que este factor disminuya para mejorar la eficiencia energética en el proceso de producción.

En el ejemplo de la figura 3.12, la eficiencia energética que se desea alcanzar (estado futuro) es 0.4 kWh por pieza producida.

Los objetivos se fijan desde que se define el proyecto (véase el capítulo 2.3, «Definir estrategias y proyectos»), para posteriormente y definir qué acciones específicas se desarrollarán para lograr ese objetivo.

Es importante subrayar que la notación utilizada para mapear los procesos es la del mapa del flujo de valor *(value stream map),* la cual forma parte de la metodología Lean Six Sigma para la mejora de procesos.

Respecto a las imágenes de las figuras 3.11 y 3.12:

- En las esquinas superiores izquierda y derecha se representan a las empresas proveedora y cliente, respectivamente.
- Las flechas amarillas con doblez indican «flujo de información electrónico» (correo electrónico o sistema de planificación de recursos empresariales *(enterprise resource planning* o ERP), del tipo SAP u Oracle.

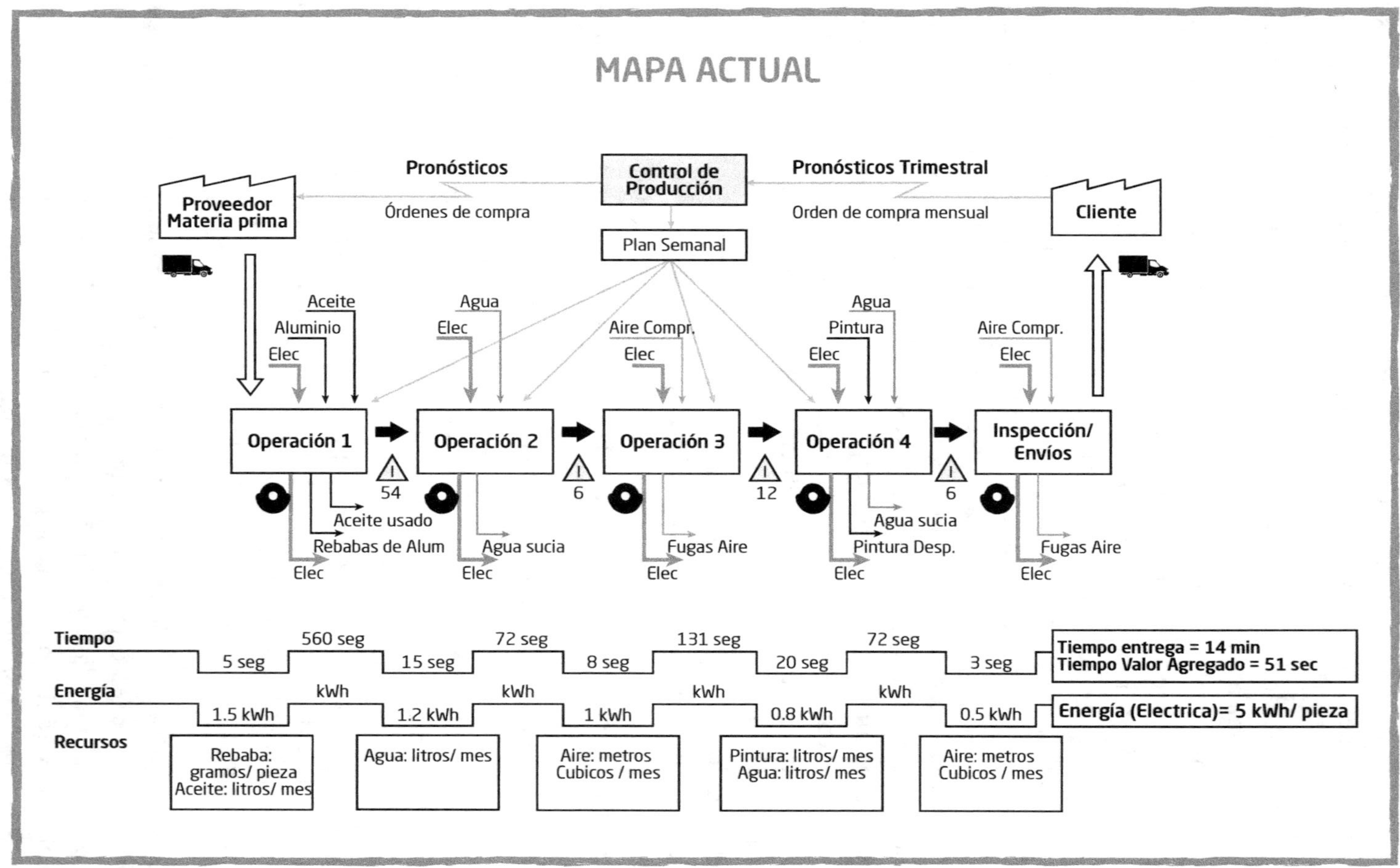

Figura 3.11. Ejemplo de mapa de valor actual sobre la energía utilizada.

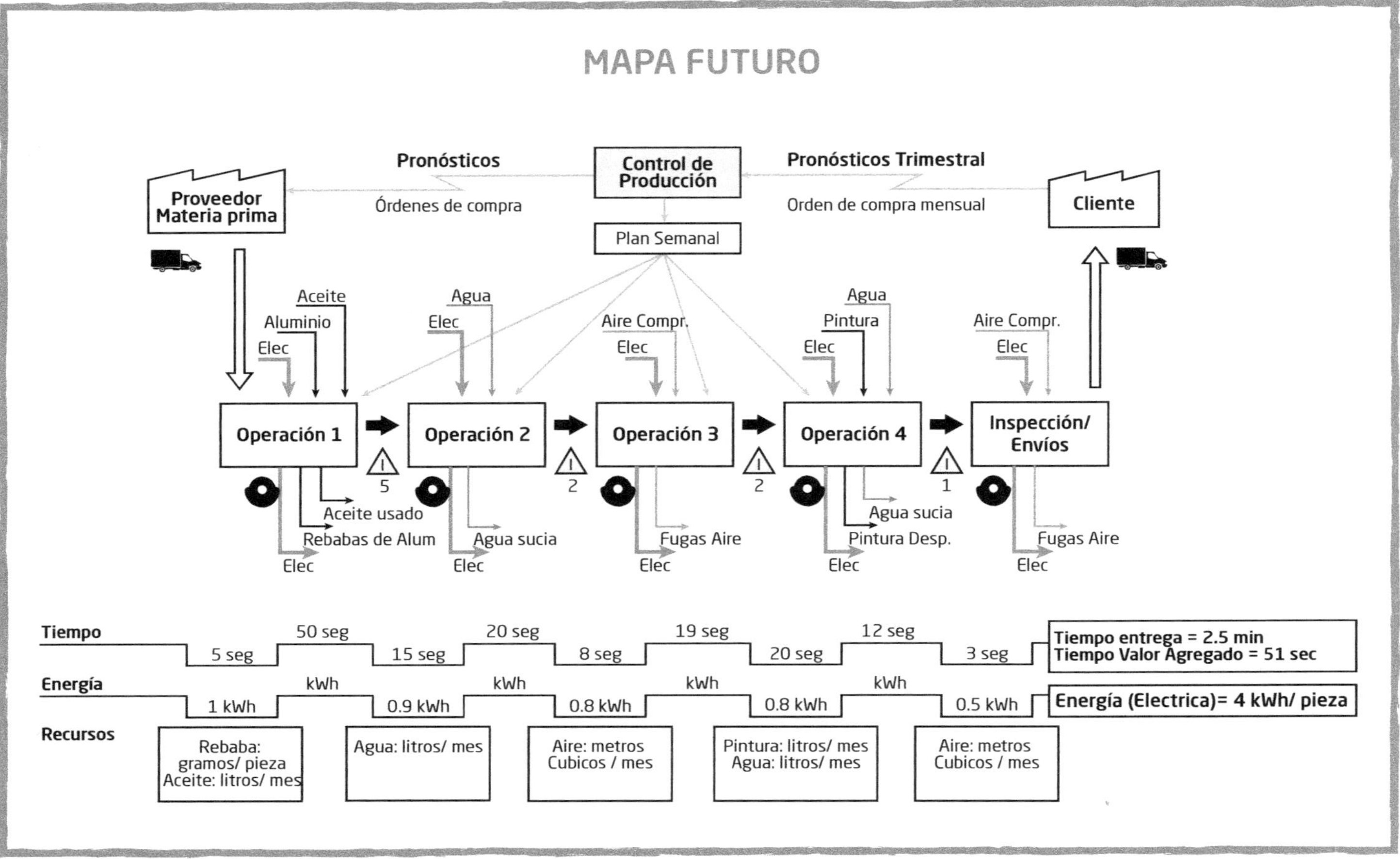

Figura 3.12. Ejemplo de mapa de valor futuro sobre la energía a utilizar.

- Las flechas amarillas delgadas y rectas indican «flujo de información manual», esto es cuando el departamento de «control de producción» entrega a cada estación de trabajo su plan de producción semanal.
- Los rectángulos con la letra «I» antes de las operaciones indican la cantidad de inventario en proceso. Asimismo, dentro de cada rectángulo de cada operación se aprecia en la esquina inferior derecha la silueta de una persona dedicada a ese proceso.
- Un aspecto clave son los números en la esquina inferior derecha del mapa. Ahí se observa el «tiempo total de entrega», que es el tiempo que pasa desde que el cliente activa la orden de compra hasta que recibe su producto. Este tiempo es la suma de todas las actividades, tanto las que agregan valor, en los escalones inferiores, como de las que no agregan valor, en los escalones superiores. Todos ellos sumados, dan como resultado el tiempo total de entrega.
- Debajo de la casilla anterior se encuentra la de «tiempo de valor agregado». Para obtener este dato solo es necesario sumar los resultados de tiempo de los escalones inferiores del **mapa de la cadena de valor** o VSM *(value stream map)*. Este indicador expresa en cuánto tiempo sería posible realizar todas las operaciones, si no existieran interrupciones de flujo, ni inventarios en proceso y las operaciones se realizaran en flujo continuo.

  Idealmente, la relación entre el «tiempo de entrega» y el «tiempo de valor agregado» debería ser de 50/50.

En estos ejemplos, además, se incluye una medición de kilovatios-hora por pieza. Se pretende hacer, al igual que con el tiempo, una distinción, dentro de lo posible, de cuánta energía se usa en actividades que agregan y cuánta en otras que no agregan valor. La manera más objetiva de hacer estas mediciones es mediante medidores eléctricos (submedidores), que veremos ampliamente en el prediagnóstico energético.

Al hacer el mapa de valor futuro se busca plantear propuestas que ayuden a mejorar la eficiencia de la operación, donde se incluye la eficiencia energética.

4.2 Diagrama de Sankey

El diagrama de Sankey es una representación visual de flujos dentro de un sistema. Fue creado por Mathew Sankey para mostrar la eficiencia energética de una máquina de vapor, y se utiliza en la actualidad para mapear flujos de dinero, de población, etc.

En este diagrama se dibujan las proporciones de la información con respecto a un 100 %, y en cada factor que lo compone se dibujan flujos de acuerdo al porcentaje que representan con respecto al total.

En el diagrama de la figura 3.13 se muestra cómo se distribuye la energía en un sistema con respecto al 100 %, se identifica cada aplicación y la cantidad de energía que llega a cada una, así como las pérdidas o fugas de energía mediante las flechas que apuntan hacia abajo.

El diagrama de Sankey es una herramienta útil para cuantificar la cantidad de energía requerida, así como la que se pierde por merma, es decir por pérdida del proceso en sí mismo, y también las pérdidas o fugas de energía provocadas por malas prácticas o falta de atención en situaciones que requieren mejora.

Es conveniente utilizar este diagrama en proyectos de aprovechamiento de energía para identificar las fuentes de pérdidas, así como representar todas las posibles áreas y equipos que utilizan energía.

En este diagrama se pueden agregar todas las fuentes de energía empleadas, como la energía eólica, el gas, los paneles solares, etc., y distribuirla en todas las aplicaciones de la compañía.

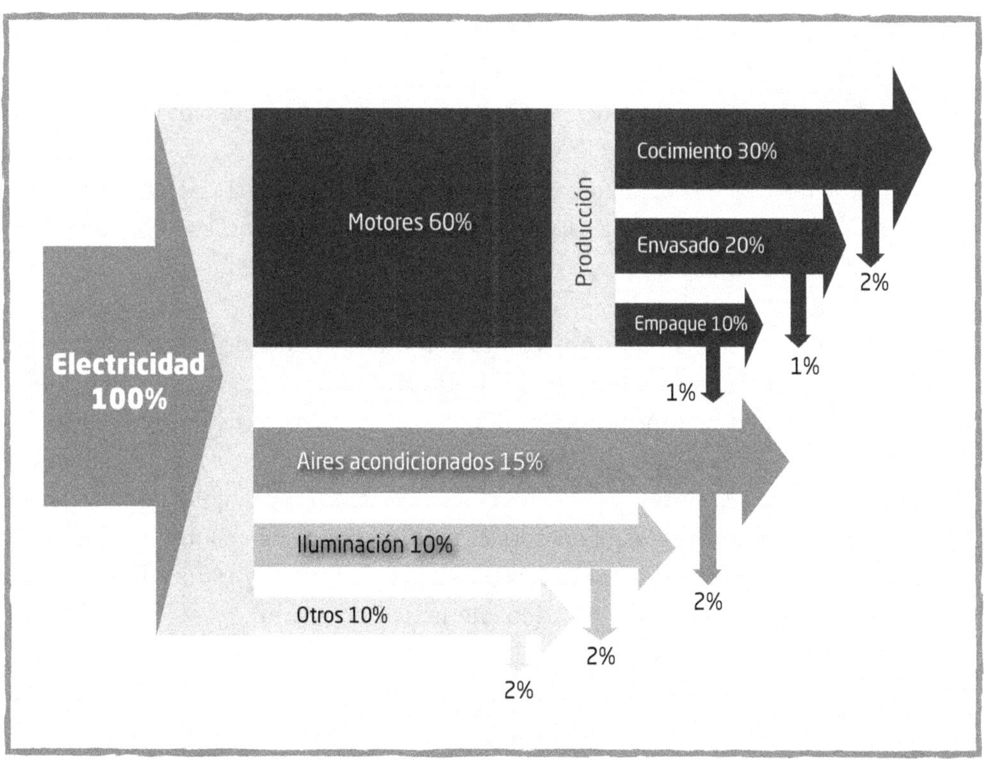

Figura 3.13. Ejemplo de diagrama de Sankey.

5   Detectar principales áreas de oportunidad (prediagnóstico energético)

Antes de aplicar medidas para ahorrar energía es importante clarificar cuál es el impacto esperado, para evitar decepciones y poder generar adecuadamente el plan de implementación de medidas, basado en un cálculo de retorno de la inversión, como se vio en el capítulo 2.

En ocasiones se comete el error de implementar impulsivamente medidas como, por ejemplo, el reemplazo indiscriminado de lámparas fluorescentes por otras de tipo LED, esperando conseguir un ahorro sustancial. El impacto de esta medida puede variar considerablemente según la industria de que se trate. Este tipo de medidas suele tener un tiempo de recuperación de la inversión de aproximadamente cinco años, si bien también hay medidas más impactantes con periodos de recuperación menores a un año.

En esta etapa de prediagnóstico, el objetivo es identificar en qué áreas existe un potencial significativo de ahorro de energía, y en cuales es mejor no invertir mucho –de manera orientativa–, si bien no se sabrá con detalle cuánto hay que invertir ni cuál será el ahorro efectivo.

Es una etapa en que la inversión es casi nula, no se requiere equipo especializado ni mediciones complicadas. Solo es necesario:

- Resultados de los análisis de consumo de energía (electricidad, gas, combustibles, etc.).
- Reunir información detallada de los equipos consumidores de energía según su función y tipología (aire acondicionado, motores, bombas, iluminación, equipos de oficina, etc.).

Haciendo una analogía con un paciente con malestar que quiere saber qué dolencia le afecta para después curarse, el prediagnóstico energético es como la primera visita al médico. En esta consulta, el paciente no será curado (ni posiblemente llegará a saber el alcance de su patología, ni el coste del tratamiento), pero el médico le preguntará sobre sus síntomas, y tomará datos sobre signos vitales con ayuda de algunos instrumentos sencillos. Con ello, el médico podrá saber sobre qué órganos se centra el problema (reporte del prediagnóstico energético) y remitirá al paciente hacia análisis especializados (diagnóstico energético detallado).

5.1   Formato de prediagnóstico energético

Debe utilizarse un documento específico para realizar el prediagnóstico energético, en el que se deben cumplimentar la información siguiente:

- Datos generales de la organización.
- Razones para iniciar el proyecto de ahorro de energía.
- Aplicaciones específicas.
- Medidas previamente aplicadas.

Esta recolección de información puede tomar desde una mañana hasta varios días, dependiendo de la cantidad de equipo y el número de personas involucradas. La información técnica necesaria suele estar en una etiqueta sobre los mismos equipos. En caso contrario, se puede obtener la ficha técnica a través de la web de la empresa proveedora.

- **Datos generales de la organización,** con detalle de su ubicación, capacidad instalada, así como de la persona que estará a cargo del proyecto. Se trata de identificar la actividad de la organización y quién es la persona de contacto en ella. Además, se declara cuáles son los recursos energéticos utilizados para llegar a conocer en dónde puede haber oportunidades de ahorro.

LSSI — Lean Energy

LEAN SIX SIGMA INSTITUTE

Índice

Datos generales de la empresa

Datos generales de la empresa (Persona de contacto)

Nombre		Año de fundación	
Puesto		Turnos de trabajo y horas x sem.	
Nombre de la empresa		No. de empleados	
Dirección		Capacidad instalada	
Ciudad, estado y país		Tipo de producto(s) o servicio	
Teléfono (Contacto)		Producción actual anual	
Fax (Contacto)		Vueltas de inventario anuales	
E-mail (Contacto)			
Sitio web			

Energéticos utilizados	(Marque con una X)
Electricidad	X
Gas (Natural)	X
Gas LP (Montacargas)	X
Nitrógeno	X
Aire comprimido	X
Otros	

Figura 3.14. Datos generales en el formulario de prediagnóstico energético.

- **Razones para el proyecto de ahorro de energía.** Interesa saber cuáles son los principales motivos de esta decisión. Si la motivación en esencialmente económica, entonces se debe dar prioridad a acciones con periodos cortos de recuperación de la inversión. Si, en cambio, la motivación es fundamentalmente para reducir emisiones contaminantes, las acciones prioritarias deberán ir entonces encaminadas a ese objetivo.

- **Aplicaciones específicas.** En este punto se debe hacer la recopilación de información sobre las aplicaciones más comunes y representativas de energía eléctrica, como son:

  - Aire acondicionado y refrigeración.
  - Calderas de vapor.
  - Iluminación.
  - Sistema de aire comprimido (compresor).
  - Motores y bombas.
  - Equipo electrónico.

LSSI
LEAN SIX SIGMA INSTITUTE

Lean Energy

Índice

Razones para eficiencia energética		
Razones posibles	**Sí/No**	**Comentarios**
Bajar costos de energía	Sí	
Bajar costos de producción		
Reducir consumo energético		
Reducir emisiones de Gases Efecto Invernadero (GEI)		
Reducir otras emisiones		
Mejorar el desempeño medio ambiental		
Mejorar la reputación y reconocimiento de la empresa		
Mejorar la salud y la seguridad de las personas que aquí trabajan		
Mejorar el cumplimiento de normas gubernamentales		
Mejorar el cumplimiento de objetivos ambientales corporativos		
Aprovechar oportunidades del Protocolo de Kioto/Mecanismos de desarrollo limpio		
Aumentar orgullo del staff/ moral		
Mejorar relaciones con clientes		
Mejorar admón. de energía en áreas en particular (ej. Motores)		
Otra:		
Otra:		
Otra:		

Se agregan los comentarios al respecto de cada razón, ya sean por parte de LSSI o la empresa.

Figura 3.15. Detalle de las razones para ahorrar energía en el prediagnóstico energético.

Al recopilar la información sobre los elementos anteriores, es conveniente tener presente que el enfoque debe ser el de 80/20, es decir, centrar la atención en el 20 % de elementos que son los responsables de la mayor parte del consumo. De esta manera, no es necesario hacer una recopilación de absolutamente todos los equipos que consumen energía, ya que esta tarea puede resultar agotadora y sin un gran impacto.

La información que debe ser capturada se encuentra en las placas identificativas de los propios equipos, para el caso de bombas, aires acondicionados, motores, compresores, etc., y en el caso de lámparas está impreso sobre los mismos productos.

Una vez recopilados esos datos, solo queda multiplicar la potencia de los equipos por el tiempo que mensualmente están encendidos, con lo que es posible hacerse una idea precisa sobre los consumos por área para priorizar los esfuerzos en aquellas que serán relevantes para el ahorro de energía.

- **Medidas previamente aplicadas.** Con el fin de evitar trabajos innecesarios, es también importante hacer un listado con las medidas de ahorro energético que se hayan aplicado hasta el momento, si fuera ese el caso.

5.2 Consumos dominantes por actividad

Con la información recopilada es factible hacer una estimación realista de los consumos a nivel general y, de una manera estructurada y en función de la actividad de la organización, hacer análisis específicos en los equipos o las áreas que mayor consumo representan, ya que serán los que tendrán un mayor impacto.

Así, dependiendo de la actividad de cada organización, será diferente la distribución del consumo. En unas oficinas pequeñas y en un lugar de clima templado, por ejemplo, el uso de equipos de oficina e iluminación puede representar más del 70 % del consumo eléctrico, por lo que el cambio de lámparas y equipos a unos más eficientes podría tener un alto impacto.

En un hotel de playa, sin embargo, estos mismos elementos pueden representar menos del 15 % del consumo, debido a que los sistemas de bombeo de agua o los equipos de aire acondicionado representan más del 50 %. En este caso, buscar medidas de ahorro de energía en los equipos de aire acondicionado y los sistemas de bombeo sería la mejor opción.

Por su parte, en una planta industrial, los equipos de oficina e iluminación pueden representar menos del 5 %, ya que el uso de motores, hornos y otros equipos industriales puede significar el 80 % del total. Por lo que si se busca generar ahorros interesantes, habría que centrarse en esos elementos en particular.

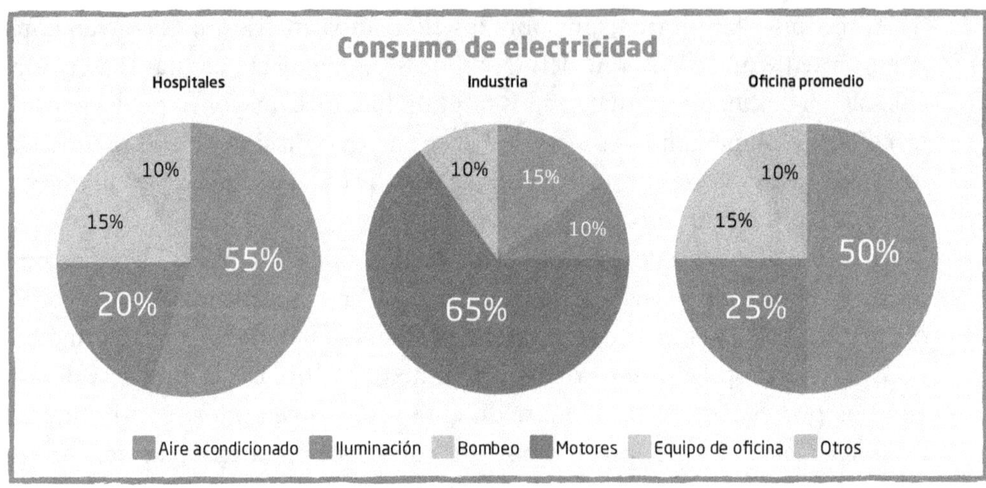

Figura 3.16. Porcentaje de consumos promedio por áreas en algunos sectores.

5.3 Conclusiones del prediagnóstico energético

Una vez recabada la información del prediagnóstico, es necesario generar dos tablas (véase la figura 3.17) que identifiquen las principales áreas de oportunidad.

Tomando como base la información recabada en el prediagnóstico, se debe generar un resumen de los consumos totales y por área de actividad. Para ello, en la casilla o celda de cada área (motores, iluminación, etc.) se ha de indicar la suma total de la

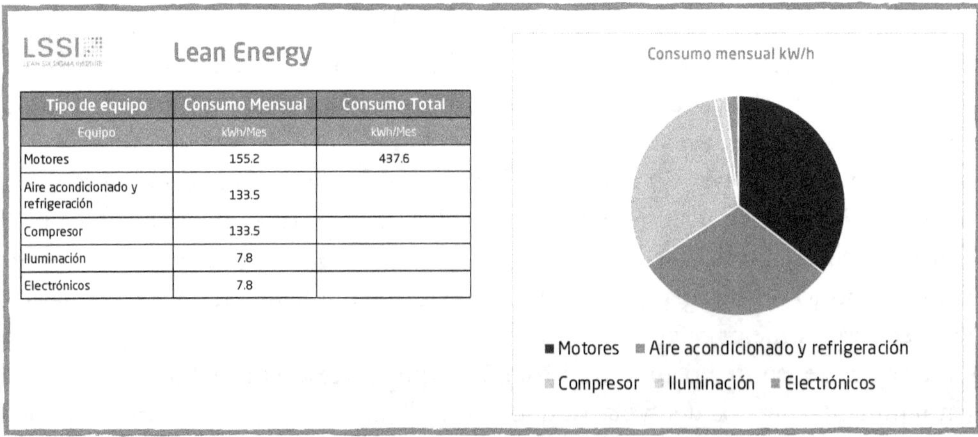

Figura 3.17. Ejemplo de consumo eléctrico por área de actividad en una empresa industrial.

Oportunidades Lean Energy

LSSI
LEAN SIX SIGMA INSTITUTE

EMPRESA EJEMPLO   jul-16

Iluminación		Muchas áreas desocupadas con luces encendidas, evaluar colocar sensores de presencia. Lámparas T8 en oficinas y planta, considerar cambiar por LED. En almacén lámparas de Haluro Metálico ineficientes y de alto consumo, evaluar reemplazo por LED.
Motores		No hay motores tan grandes (mayores a 10 HP), y la mayoría son del mismo proceso.
Boilers, hornos y calderas		Calderas tienen un buen plan de mantenimiento, pero ayudaría el buscar opciones de aislamiento térmico para perder menos calor. Evaluar chaquetas térmicas para cañones extrusores de plástico.
Sistema de bombeo		Bomba sumergible y bombas de agua de proceso pueden reducir considarablemente su consumo con Variadores de Frecuencia.
Factor de potencia		En orden, mayor al 90%
Aire comprimido		Es el principal consumidor de energía. Hacer evaluación de fugas del sistema de distribución y evaluar la instalación de un tanque pulmón para reducir las horas de servicio.
Aire acondicionado		Evaluar peliculas de control solar para ventanas, para que no entre tanto calor de la luz del sol y se reduzca el consumo de aire acondicionado.
Cultura de ahorro de energía		Necesario generar conciencia mediante cursos, pláticas y concursos para generar mayor involucramiento de la gente.
Monitoreo energético y uso de horarios		No se monitorea el consumo dentro de la planta con submedidores, sólo lo que marca el medidor general y éste no siempre nos da información precisa para tomar decisiones acertadas.

Para cualquier duda o comentario, favor de contactar a:
M. en C. Juan Pablo Martín G.
Director
Lean Energy

Lean Six Sigma Institute
Make any process better, faster and more productive

www.leansixsigmainstitute.org
USA - Europe - Latin America

Tabla 3.3. Semáforo de resultados del prediagnóstico.

energía consumida y, a su vez, presentarla comparada con las demás. De esta forma se puede ver en qué áreas es más urgente centrarse y cuáles no son tan prioritarias.

En el ejemplo de la figura 3.17, vemos que el consumo en iluminación y equipos electrónicos es de apenas un 4 %, mientras que el consumo generado por los motores, con un 35 % del total, es el área de oportunidad que merece una especial atención.

Además de entender en qué área tendría más impacto el ahorro de energía, también es necesario presentar un resumen del estado general de cada actividad. Como se expone en la tabla 3.3, dicho resumen puede representarse a modo de semáforo, donde:

- **Verde:** todo en orden.
- **Amarillo:** oportunidad de pequeñas mejoras.
- **Rojo:** grandes oportunidades de mejora.

Además, el resumen debe contener una anotación sobre qué hay que trabajar para poder mejorar ese nivel.

Para poder generar de manera sistemática estas conclusiones, en los siguientes capítulos se profundiza en cada área de actividad, en las principales áreas de oportunidad, y en las medidas que deben ser implementadas para corregirlas.

6 Equipos para identificar oportunidades de ahorro energético

En la fase de medición se debe evaluar el equipo que puede ayudar a detectar oportunidades de ahorro energético, establecer la situación actual y aportar datos objetivos para valorar los cambios que han de realizarse. Es muy común que las evaluaciones iniciales se hagan de manera subjetiva o basadas solo en experiencias, pero para asegurar los eventuales cambios y la credibilidad ante la gerencia de la empresa, se deben considerar algunas tecnologías para localizar y cuantificar las oportunidades de ahorro energético.

- **Ultrasonido**
  Un equipo de ultrasonido permite escuchar frecuencias de sonido para identificar fugas energéticas en cualquier tipo de gas (helio, gas natural, nitrógeno, aire comprimido, etc.), y es muy útil para determinar la ubicación precisa de la fuga, así como también el costo que puede suponer su reparación.

También se utiliza para identificar fugas eléctricas, tales como arcos eléctricos y efectos corona. Asimismo, el ultrasonido puede detectar rodamientos dañados por medio de la utilización de transductores de contacto que permiten escuchar y medir la fricción.

- **Termografía**

Las cámaras termográficas permiten determinar la temperatura de áreas específicas, captando la radiación infrarroja del espectro electromagnético para establecer si existen fugas en instalaciones, tuberías, aislamientos, etc.

Se trata de equipos de fácil uso y de gran utilidad para localizar sin riesgo las fugas de energía.

- **Amperímetro**

El amperímetro se utiliza para medir la intensidad de corriente eléctrica que requiere un equipo para trabajar. En la fase de medir se utiliza para detectar la diferencia entre la corriente requerida por cualquier equipo y la corriente que realmente está utilizando, y determinar con ello el costo adicional que implica. Cuando los equipos consumen más corriente de la establecida, es un indicativo de que se deben revisar, ajustar y cambiar componentes, tales como rodamientos, rotor, estator, etc.

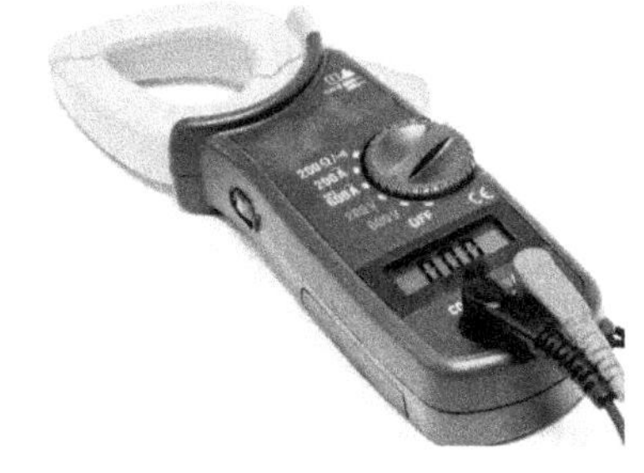

- **Luxómetro**

El luxómetro mide la intensidad de luz de cualquier lugar de manera muy simple y rápida.

Para el ahorro energético, ayuda a identificar si el sistema de iluminación es el adecuado, para llegar a sugerir en la fase de mejora las opciones más económicas.

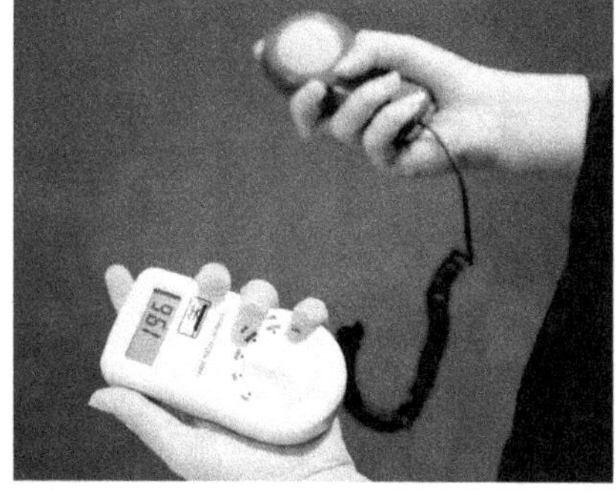

- **Ferrografía**

  La ferrografía permite el análisis de las partículas que se encuentran en el aceite que utilizan los equipos mecánicos. Con ello se puede establecer la procedencia, el tamaño y la concentración de las partículas para identificar fallos potenciales que pueden afectar al equipo y al consumo energético.

7   Energy 4.0 para la medición energética

Disponibilidad y eficiencia energética es uno de los alcances de la industria 4.0. Desde la generación, el transporte, el suministro y la utilización de la energía, la tecnología será esencial para el desarrollo sostenible. De hecho, sin una gestión energética inteligente no habrá una verdadera industria 4.0.

Con el uso de dispositivos interconectados podemos medir el consumo energético en tiempo real. Utilizando el concepto de internet de las cosas, con sensores conectados de manera permanente en los equipos y las instalaciones, se pueden obtener y analizar datos del consumo energético, y procesarlos en bases de datos equipadas con inteligencia artificial para sugerir acciones correctivas y activar mejoras en el uso de los recursos energéticos.

Con el tiempo, conforme crecen las aplicaciones tecnológicas, con energía generada por paneles solares, equipos eólicos, etc., las personas usuarias tendrán mayor control y facilidad para gestionar el mejor uso de la energía.

Los sensores conectados a internet pueden recolectar toda la información de corriente, voltaje, temperaturas, etc., en tiempo real, mejorando así el análisis de datos de manera automatizada y generando reportes, alarmas y sugerencias.

Capítulo 4
Analizar y mejorar en aplicaciones

Una vez que se ha recabado la información necesaria y se han identificado las principales áreas de oportunidad, es necesario hacer un análisis más detallado de las causas raíz en cuanto a la gestión de la energía para proponer las medidas adecuadas para mejorar la eficiencia energética.

Las principales aplicaciones que tendrán estas medidas será en:

- Los hábitos y las buenas prácticas de las personas.
- La iluminación.
- Los motores y las bombas.
- El aire comprimido.
- La climatización y refrigeración.
- El consumo de agua.
- Las oficinas y otras áreas.

En el diagnóstico inicial y en la fase de medición se obtiene información de manera visual o a través de registros, sin el uso de tecnologías especializadas. Esto ofrece una visión general de las magnitudes de las potencias y los consumos de sistemas como son: iluminación, motores y sistemas de bombeo y de aire comprimido, climatización y refrigeración, vapor y agua caliente, hornos, equipos eléctricos y electrónicos de oficina.

Partiendo de aquellos sistemas que representen el mayor consumo o la mayor área de oportunidad, se debe seleccionar aquellos a los que se ha de dar prioridad.

1 Hábitos y buenas prácticas generales

Para poder afirmar que una organización forma parte de un programa de ahorro energético, no basta con utilizar maquinaria energéticamente eficiente, también es importante que las personas muestren hábitos y buenas prácticas alineados con los objetivos del proyecto de ahorro energético y los de la compañía.

Algunas sugerencias para lograr este objetivo son:

- Sesiones de sensibilización.
- Entrenamientos y formación.
- Medidas operativas.
- Uso de indicadores.
- Seguimiento y evaluaciones periódicas.

Es importante que al planificar el proyecto, junto a los aspectos técnicos y operativos también se tenga en cuenta el factor humano. Un programa integral de eficiencia energética requiere que tanto las personas como la tecnología vayan de la mano.

1.1 Sesiones de sensibilización

Son charlas de un máximo dos horas de duración dirigidas a que las personas se sensibilicen y tomen conciencia de la importancia del ahorro energético y sus beneficios para el medio ambiente, aspectos a los que quizá no se les daba la importancia que merecen. Existe mucha información al respecto, tanto en libros como en páginas de internet que pueden ayudar a que las personas puedan documentarse antes de abordar estos temas.

Una de las cuestiones relevantes que conviene explicar es qué es la electricidad, de dónde proviene, cómo se genera, cuánto contamina, cuáles son sus efectos sobre la salud, e incidir sobre la magnitud del impacto de nuestras acciones cotidianas.

Por ejemplo, en México, en el año 2017, la Comisión Reguladora de la Energía informó que el **factor de emisiones** ese año fue de 0.582 kg CO_2/kWh. Esto quiere decir que por cada kilovatio utilizado se liberaron a la atmósfera casi 600 gramos (g) de CO_2. El factor de emisión de kg CO_2/kWh puede variar mucho de un país a otro; para obtener más información consulte la web de los organismos de la Administración responsables de la gestión de la electricidad en su país.

Así, si una computadora de oficina, por ejemplo, consume de promedio unos 250 vatios (W) por hora, en ocho horas consumirá:

$$250 \text{ W} \times 8 \text{ horas} = 2\,000 \text{ Wh o } 2 \text{ kWh.}$$

Por lo tanto, las emisiones de CO_2 de dicha computadora en un día laboral serían:

$$2 \text{ kWh} \times 0.582 \text{ kg } CO_2/\text{kWh} = 1.164 \text{ kg } CO_2 \text{ al día.}$$

Esto significa que en solo dos o tres meses una computadora es responsable de generar nuestro peso en contaminación que flota en el aire de muchas ciudades en donde, adicionalmente, hay plantas de generación de energía que funcionan con carbón.

El CO_2 es un compuesto nocivo para el ser humano, que si bien es filtrado por los árboles y las plantas, este no es el caso de grandes ciudades con pocas zonas verdes. El CO_2 genera enfermedades respiratorias, principalmente en niños y en adultos de edad avanzada.

Téngase en cuenta el número de computadoras que pueden reunirse en una organización, y que hay equipos que consumen mucha más electricidad que una computadora.

Conviene reflexionar sobre esta realidad y revisar la factura de consumo eléctrico más reciente. Multiplíquese la cantidad total de kilovatios-hora consumidos por 0.582 kg CO_2/kWh para cuantificar el impacto de una sola empresa sobre el medio ambiente.

Otro ejercicio interesante es pedir a las personas que participan en una sesión que traigan la factura de electricidad de sus domicilios particulares, y que cada cual vea el impacto de sus acciones y se motive para buscar formas de reducir el consumo energético.

1.2   Entrenamiento en ahorro energético como formación básica

Una vez que las personas asumen la importancia de ahorrar energía y el impacto negativo en el medio ambiente y en sus bolsillos de no hacerlo, es cuando se encuentran más susceptibles y receptivas a la información que se les pueda ofrecer. Los entrenamientos suelen ser sesiones que cubren temas específicos dirigidos hacia situaciones particulares.

Con todo, el enfoque que mejor ha funcionado es el siguiente:

- Ahorro de energía en oficinas.
- Ahorro de energía en almacenes y áreas de tráfico.
- Ahorro de energía en áreas productivas.

De este modo, las personas reciben consejos prácticos aplicables a su área de trabajo de una manera clara, sencilla y directa.

1.3   Medidas operativas

La implementación de políticas y medidas operativas para el ahorro de energía es una de las acciones de más bajo costo que existen. Sin embargo, aunque no suelen costar dinero, cuesta mucho tiempo y esfuerzo lograr que se transformen en un hábito en las personas.

Se dice que «la mejor forma de ahorrar energía es no usándola», así que lo que se busca es evitar que los equipos se utilicen cuando no son necesarios. Se pueden generar reglamentos internos y hacérselos llegar a las personas involucradas, para que también contribuyan con sus aportaciones.

Algunos ejemplos de medidas operativas son:

- Los aires acondicionados se deben apagar durante la hora de la comida, y al retirarse el personal por la tarde.
- Las luces de las oficinas se deben mantener apagadas mientras haya luz solar.
- Toda la maquinaria y los equipos del área de producción deben estar apagados a más tardar a las 19:00 h.

Si bien el definir estas reglas no garantiza su cumplimiento, si se cumplen de manera generalizada pueden representar un ahorro significativo para la empresa. Todo ello sin necesidad de hacer grandes inversiones. La constancia es la clave. Lamentablemente, es común que este tipo de medidas funcionen muy bien en un inicio, pero que con el paso del tiempo y la falta de seguimiento vayan perdiendo fuerza. Se puede designar a una persona para que haga un seguimiento sistemático y se asegure de que las reglas se respetan, pero puede suceder que no sea una medida muy efectiva y lleguen a darse roces personales debido a la naturaleza de su función.

1.4   Indicadores

Uno de los procedimientos más efectivos de administrar un proyecto y dar seguimiento a sus resultados es mediante el uso de indicadores. En una situación ideal debería ser posible tener mediciones precisas por áreas, por oficinas, por líneas de producción, por máquinas y hasta por persona. Es posible lograr estas mediciones tan exhaustivas mediante el uso de dispositivos conocidos como submedidores eléctricos.

Es importante definir los criterios para evaluar el desempeño del proyecto. En el caso de empresas fabricantes, por ejemplo, la medición que normalmente se sugiere puede ser alguna de las siguientes:

- kWh/pieza.
- kWh/kg.
- kWh/palé o tarima.
- kWh/póliza emitida.
- kWh/transacción.

La cuestión reside en calcular la relación entre la energía eléctrica utilizada y la unidad de trabajo, en unidades que tengan sentido para la dirección de la empresa, y que sea comparable con otras plantas de producción, sucursales u otras compañías que fabriquen productos o que ofrezcan servicios similares.

En el apartado 4 del capítulo 3 se presentó un ejemplo con los mapas de valor actual y futuro, en donde una empresa quiere reducir su consumo energético y toma como indicador el kWh/pieza, con el objetivo de pasar de 0.5 kWh/pieza a 0.4 kWh/pieza (–20 %).

Es importante dar a conocer a todas las personas involucradas estas mediciones. Su comprensión ayudará a que valoren la importancia de hacer bien su trabajo, de manera eficiente y sin desperdicios, para poder lograr los objetivos propuestos.

Para el caso de empresas de servicios o en aquellas en donde no sea posible dar un seguimiento puntual a productos o servicios en particular, otros indicadores útiles pueden ser kWh/m^2 o kWh/total de personas.

1.5 Reuniones de seguimiento (indicadores)

Si bien este punto se tratará con más detalle más adelante, conviene indicar aquí que al menos una vez por semana las personas asignadas al seguimiento de los indicadores se deben reunir con la gerencia de la empresa para actualizar y contrastar sus informaciones. Si el valor del indicador está fuera de los valores esperados, se debe determinar cuál es la causa del no cumplimiento y definir un plan de acción para la semana siguiente.

Es importante que al definir los objetivos semanales se considere la estacionalidad del consumo. Téngase en cuenta que en diferentes épocas del año, debido a factores relacionados con la demanda del producto o servicio o a causas medioambientales, el consumo eléctrico puede variar considerablemente.

Las metas se deber ir ajustando gradualmente, tal vez bajando un 5 % (o el porcentaje que se vea factible, de acuerdo con el diagnóstico energético) respecto al mismo periodo del año anterior. Si durante más de ocho semanas se logra de manera consistente el objetivo, tal vez sea el momento de reducirlo un poco para hacerlo más retador.

Si el seguimiento se realiza semanalmente, las posibilidades de obtener resultados favorables se incrementan considerablemente.

2 Iluminación

La iluminación es un factor clave en el desempeño de actividades en las organizaciones. Un nivel proporcionado de iluminación contribuye a trabajar con adecuados niveles de calidad, y reduce el cansancio y el estrés laboral de las personas.

La contribución de los sistemas de iluminación al gasto energético en una empresa va desde menos del 1 % en empresas grandes de manufactura hasta cerca del 50 % en comercios.

Demasiada iluminación puede resultar molesto y genera el fenómeno conocido como deslumbramiento, similar a intentar leer a pleno sol, que es molesto y puede ser dañino para la vista.

Por otro lado, cuando la iluminación es insuficiente puede generar problemas de calidad, fatiga mental, dolor de cabeza y estrés.

Por estas razones, es necesario contar con un nivel adecuando de iluminación. Los criterios más adecuados se especifican habitualmente a través de normativas, publicadas en cada país por los ministerios o secretarías del trabajo correspondientes.

Existen normas nacionales e internacionales para definir los niveles mínimos de iluminación requeridos para realizar diferentes tipos de actividades.

Como se puede apreciar en la tabla 4.1, el rango es bastante amplio, desde 20 luxes (unidad de medida para intensidad de la luz) hasta 2 000 luxes. Estas diferencias se deben al nivel de precisión y complejidad requerida para cada tarea. Encontrar y dirigirse a un vehículo en un estacionamiento por la noche, por ejemplo, requiere mucho menos iluminación que ensamblar dos piezas pequeñas que van dentro de un reloj de pulsera, o para realizar una cirugía.

Pero… ¿qué tiene que ver la iluminación con la eficiencia energética o el ahorro de energía?

Niveles de iluminación

Tarea visual del puesto de trabajo	Área de trabajo	Niveles mínimos de iluminación (luxes)
En exteriores: distinguir el área de tránsito, desplazarse caminando, vigilancia, movimiento de vehículos.	Exteriores generales: patios y estacionamientos.	20
En interiores: distinguir el área de tránsito, desplazarse caminando, vigilancia, movimiento de vehículos.	Interiores generales: almacenes de poco movimiento, pasillos, escaleras, estacionamientos cubiertos, labores minas subterráneas, iluminación de emergencia.	50
En interiores.	Áreas de circulación y pasillos, salas de espera, salas de descanso, cuartos de almacén, plataformas, cuartos de calderas.	100
Requerimiento visual simple: inspección visual, recuento de piezas, trabajo en banco y máquina.	Servicios al personal: almacenaje rudo, recepción y despacho, casetas de vigilancia, cuartos de compresores y pailería.	200
Distinción moderada de detalles: ensamble simple, trabajo medio en banco y máquina, inspección simple, empaque y trabajos de oficina.	Talleres: áreas de empaque y ensamble, aulas y oficinas.	300
Distinción clara de detalles: ensamble simple, trabajo medio en banco y máquina, inspección simple, empaque y trabajos de oficina.	Talleres de precisión: salas de cómputo, áreas de dibujo, laboratorios.	500
Distinción fina de de detalles: maquinado de precisión, ensamble e inspección de trabajos delicados, manejo de instrumentos y equipo de precisión, manejo de piezas pequeñas.	Talleres de alta precisión: de pintura y acabado de superficies y laboratorios de control de calidad.	750
Alta exactitud en la distinción de detalles: ensamble, proceso de inspección de piezas pequeñas y complejas, acabado de pulidos finos.	Proceso: ensamble e inspección de piezas complejas y acabados con pulidos finos.	1,000
Alto grado de especialización en la distinción de detalles.	Proceso de gran exactitud. Ejecución de tareas visuales: • De bajo contraste y tamaño muy pequeño por periodos prolongados. • Exactas y muy prolongadas. • Muy especiales, de extremadamente bajo contraste y pequeño tamaño.	2,000

Tabla 4.1. Niveles mínimos de iluminación según la Norma Oficial Mexicana NOM-025-STPS-2008.

2.1   *Iluminación.* Medir

Las mediciones son siempre importantes en la iluminación, pero antes de referirnos a ellas, vamos a exponer algunos conceptos útiles:

- **Lumen.** Es la unidad de medición de la luz, y mide la cantidad de luz que genera o que libera una lámpara. Es el equivalente fotoeléctrico del vatio en electricidad.

- **Lux.** Unidad de medición de iluminación, la diferencia entre lux y lumen es que lumen es la cantidad de luz que emite una lámpara y lux es la cantidad de luz que llega a una superficie. Esto es importante porque dos lugares de trabajo iluminados por la misma lámpara que genera la misma cantidad de lúmenes, recibirán una cantidad distinta de luxes, según la distancia a que estén de la misma. El lugar de trabajo más próximo a la lámpara recibirá más luxes.

- **Luxómetro.** Equipo utilizado para medir los luxes que inciden sobre una superficie. Se utiliza para verificar si se cumple o no con los niveles especificados en una norma.

- **Vatio.** Unidad de medición de potencia eléctrica, es la potencia de entrada para una lámpara. La lámpara recibe vatios como entrada y libera lúmenes como salida. Erróneamente, se clasifica a los focos o bombillas por vatios, cuando en realidad se deberían clasificar por la cantidad de lúmenes que generan.

- **Lumen/vatio.** Es una proporción muy útil para evaluar la eficiencia energética de una lámpara. Existen diferentes tipos de tecnologías, cada una con un valor distinto; y aunque las más nuevas suelen ser más eficientes, no siempre se cumple esta relación.

  Desde el punto de vista de la eficiencia energética, la mejor opción es aquella que genere la mayor cantidad de luz (lúmenes) con la menor cantidad de electricidad (vatios). Este razonamiento es correcto, pero las cosas en la vida real no son tan sencillas, y hay otros criterios que también deben tomarse en cuenta.

- **Temperatura del color.** Es un concepto que puede causar cierta confusión en las personas que empiezan a aprender sobre iluminación. Se dice que la luz fría tiende a ser más azul y que la luz cálida tiende a ser más amarilla, aunque la realidad no es así.

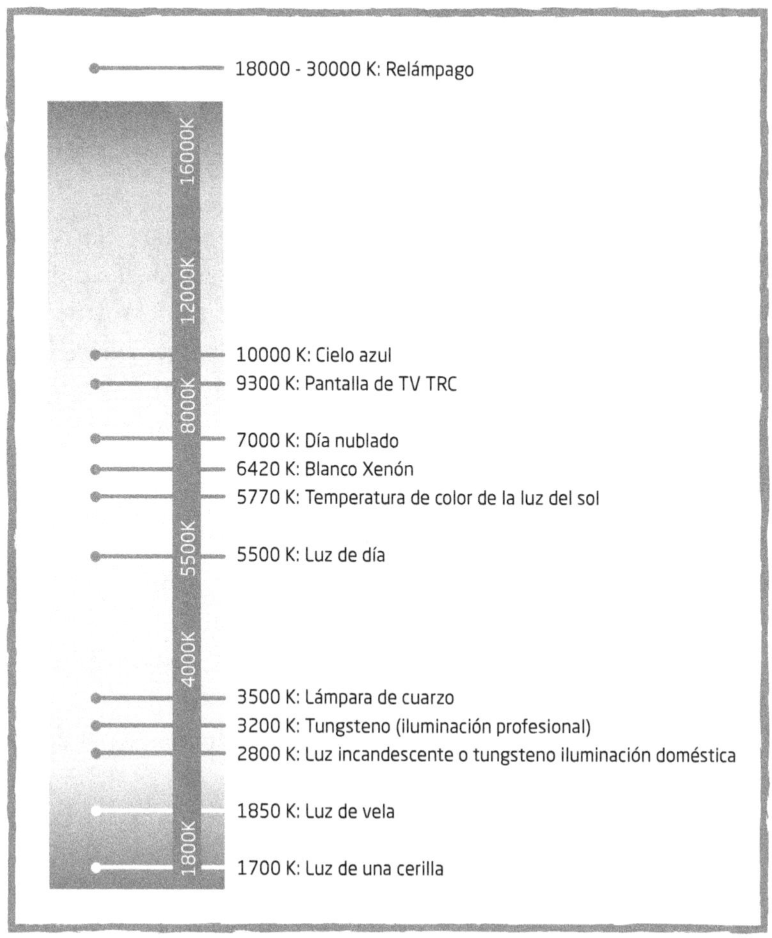

Figura 4.1. Escala de temperatura del color.

Una manera objetiva de clasificar las escalas y los tonos de luz es en kelvin (K), la unidad para medir la temperatura. Para obtenerla solo se ha de sumar 273.15 a la temperatura en grados Celsius o centígrados (ºC). Dicho de otra manera, una temperatura de 25 grados Celsius es lo mismo que 298.15 kelvin (25 ºC + 273.15 K).

Anterior a las lámparas led y las luces fluorescentes, la luz se obtenía con lámparas incandescentes, y dentro de la bombilla que estaba sellada al vacío o con algún gas inerte, había un filamento (un pequeño alambre) que al ser calentado generaba luz. Dependiendo de lo caliente que estuviera, así era el color de luz que emitía, de modo que conociendo el tono del color del filamento, se podía saber a qué temperatura estaba. Algo similar pasa con la llama de las estufas de gas, o cuando los herreros trabajan con el metal.

El kelvin se utiliza también para referirse a la tonalidad de la luz. Esta escala era muy útil cuando se utilizaban bombillas con filamentos, si bien con nuevas tecnologías como el led ya no tiene mucho sentido, aunque se sigue utilizando porque se convirtió en una convención internacional.

- **Índice de reproducción cromática (IRC).** Es una medida que se emplea para diferentes tecnologías de iluminación y que indica la capacidad de mostrar los colores de manera real, tomando como referencia la luz del sol. Se mide en grupos de color, cuyos niveles están relacionados con el porcentaje de fidelidad. Los mejores sistemas de iluminación tienen un IRC superior al 90 % (grupo 1A).

  Al elegir una lámpara o sistema de iluminación, además de buscar que tenga una alta eficacia luminosa (bajo consumo energético y que produzca mucha luz), es importante tener en cuenta la calidad de la luz, es decir, que el IRC sea el requerido para la actividad que se va a realizar.

  Elegir una lámpara con el IRC incorrecto puede generar problemas como:

  - Provocar que en un restaurante la comida luzca poco apetitosa, o incluso en mal estado.
  - Ocasionar que en un hospital un paciente parezca pálido cuando en realidad debería lucir sonrosado.
  - Rechazar muestras o productos de una empresa porque el color no es el adecuado.

Grupos de color	Índice de Reproducción Cromática CIE (Ra)	Aplicación típica
1A	$R_a > 90$	Actividades donde una excelente reproducción es requerida (cocina, ingeniería, diseño gráfico).
1B	$80 < R_a < 90$	Juicios de color precisos son necesarios o buena reproducción del color es requerida por cuestiones estéticas (comedor, oficinas, salas de juntas).
2	$60 < R_a < 80$	Lugares donde una reproducción moderada es requerida (salas de espera).
3	$40 < R_a < 60$	Aplicaciones donde la reproducción del color es poco importante, pero una distorsión grande no es aceptada (estacionamientos).
4	$20 < R_a < 40$	La reproducción del color no es para nada importante y distorsión del color es aceptada (luces de emergencia).

Tabla 4.2. Índice de reproducción cromática (IRC).

Todo ello generado por un sistema de iluminación que emite luz de baja calidad para mostrar los colores.

2.2 *Iluminación.* Analizar

Los principales tipos de lámparas que es posible emplear en los sistemas de iluminación son los siguientes:

- **Lámparas incandescentes**
  - Emiten radiación principalmente en la región visible.
  - La lámpara está rellena de gas o se ha hecho el vacío.
  - Eficacia: 12 lumen/vatio.
  - Índice de reproducción cromática (ICR): 1ª.
  - Temperatura del color: 2 500 a 2 700 K.
  - Vida útil: < 2 000 horas.

- **Lámparas halógenas**
  - Filamento de wolframio.
  - Lámpara rellena de gas inerte más una pequeña cantidad de un halógeno.
  - Eficacia: 18 lumen/vatio.
  - ICR: 1ª.
  - Temperatura del color: cálida.
  - Vida útil: < 4 000 horas.

  - *Aspectos positivos:*
    - Más compacta.
    - Vida más larga.
    - Más luz y más blanca.

  - *Aspectos negativos:*
    - Es más costosa.
    - Comporta problemas de manejo (muy frágil).
    - Emite más rayos IR y UV.

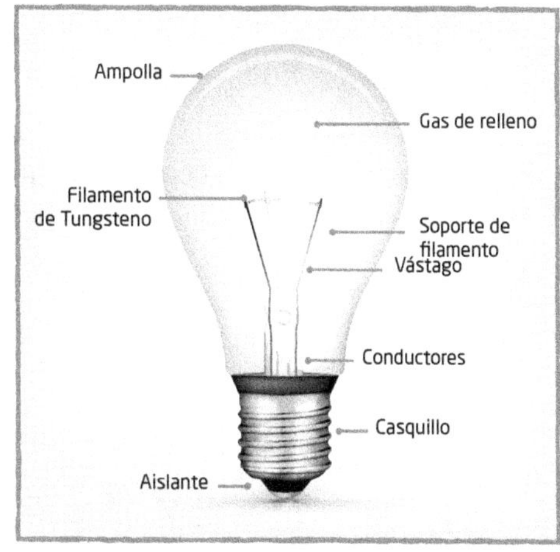

Figura 4.2. Lámpara incandescente.

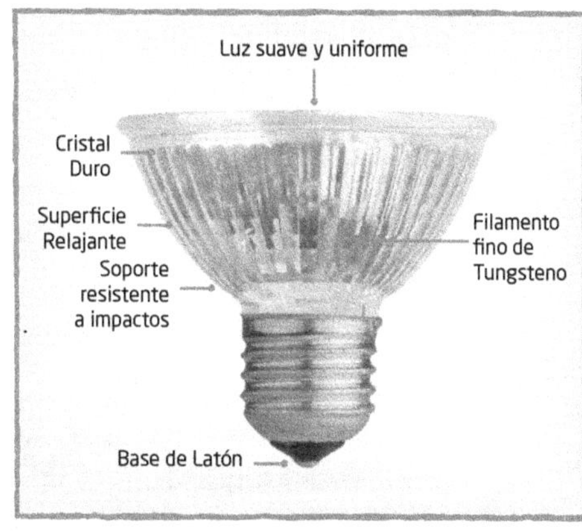

Figura 4.3. Lámpara halógena.

- **Lámparas fluorescentes**
  - Diferentes tipos (T12, T10, T8 y T5) difieren en diámetro y eficiencia.
  - Máxima eficiencia a temperatura ambiente entre 20-30 °C.
  - Lámparas fluorescentes compactas (CFL) tienen luminarias mucho más pequeñas.

  - *Halo fosfato:*
    - Eficacia: 80 lumen/vatio.
    - ICR: 2-3.
    - Temperatura del color: cualquiera.
    - Vida útil: 7 000 a 15 000 horas.

  - *Trifósforo:*
    - Eficacia: 90 lumen/vatio.
    - ICR: 1A-1B.
    - Temperatura del color: cualquiera.
    - Vida útil: 7 000 a 15 000 horas.

Figura 4.4. Lámparas fluorescentes compactas.

- **Lámpara de vapor de sodio a alta presión (HPS)**
  - Usadas en exteriores y en aplicaciones industriales.
  - Consisten de: balasto o reactancia, arrancador electrónico de alto voltaje, tubo de arco cerámico, relleno de gas xenón, sodio y mercurio.
  - No tiene electrodos arrancadores.
  - Alta eficacia: 60-80 lumen/vatio.
  - ICR: 1-2.
  - Temperatura del color: cálida.
  - Vida útil: < 24 000 horas.
  - Calentamiento: 10 min.; reencendido en caliente: 1 min.

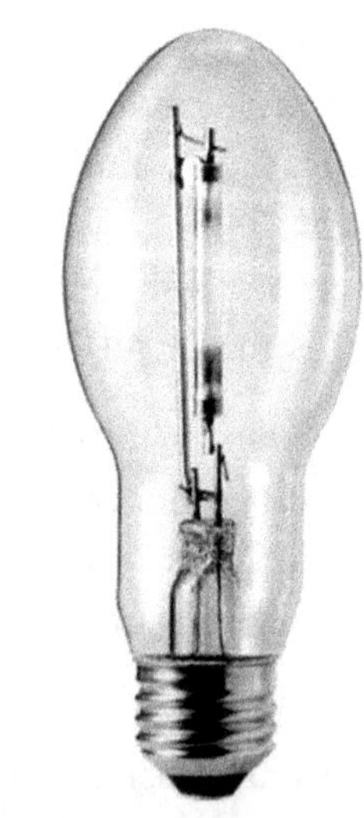

Figura 4.5. Lámparas de vapor de sodio a alta presión.

- **Lámpara de vapor de sodio a baja presión (LPS)**
  - Consideradas HID (descarga de alta intensidad).
  - Eficacia: 100-200 lumen/vatio (muy alta).
  - Calidad de luz muy baja: colores blancos, negros o tonos de grises.
  - Aplicaciones exteriores.
  - ICR: 3.
  - Temperatura del color: amarilla.
  - Vida útil: < 16 000 horas.
  - Calentamiento: 10 min. Reencendido en caliente: 3 min.

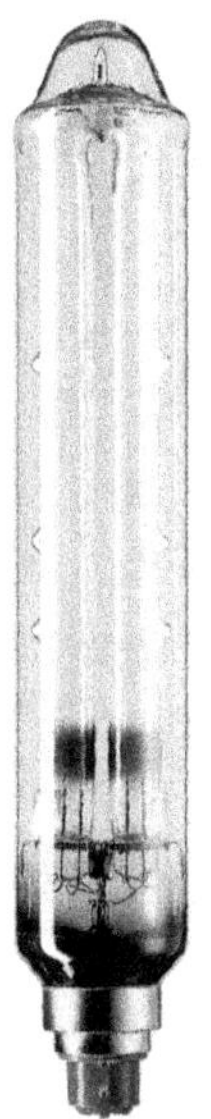

Figura 4.6. Lámparas de vapor de sodio a baja presión.

- **Lámpara de vapor de mercurio**
  - Primera lámpara HID.
  - Consiste de: arco de tubo con mercurio y gas argón, en una envoltura de cuarzo, un electrodo arrancador, foco exterior recubierto con fósforo, envoltura exterior de vidrio.
  - Larga vida y costos iniciales bajos.
  - Eficacia: 30-65 lumen/vatio (muy baja).
  - ICR: 3.
  - Temperatura del color: intermedia.
  - Vida útil: 16 000 a 24 000 horas.
  - Cada vez menos usada, contiene mercurio, muy tóxico y contaminante del medio ambiente.

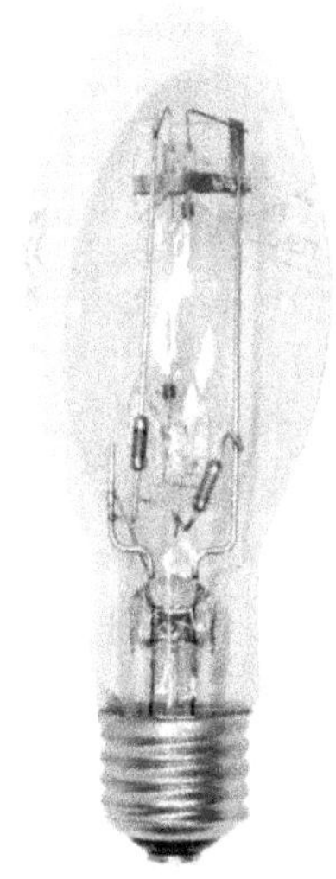

Figura 4.7. Lámparas de vapor de mercurio.

- **Lámpara de aditivos metálicos**
  - Funcionan de modo similar a las lámparas halógenas de tungsteno.
  - Amplia gama de tamaños, colores y potencias.
  - Eficacia: 80 lumen/vatio (mejor que otras lámparas HID).
  - Requiere un pulso de alto voltaje para arrancar (incluye electrodo arrancador).
  - ICR: 1A-2.
  - Temperatura del color: 3 000 a 6 000 K.
  - Vida útil: 6 000 a 20 000 horas.
  - Calentamiento: 10 a 20 min. Reencendido en caliente: 2 a 3 min.

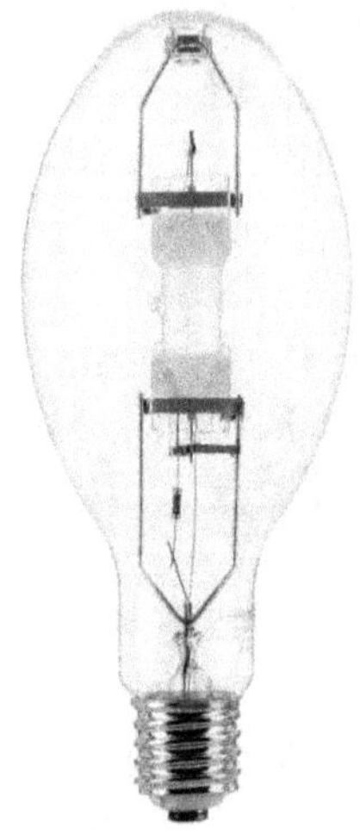

Figura 4.8. Lámparas de aditivos metálicos.

- **Lámparas LED**
  - Tipo más reciente de lámparas eficientes.
  - Dos tipos:
    - Rojo-verde-azul (RGB).
    - Lámpara azul recubierta de fósforo.
  - Emiten luz visible en un espectro muy angosto y pueden producir luz blanca.
  - Utilizada en letreros luminosos, semáforos, e incluso alumbrado público, residencial, centros comerciales, hoteles e industria.
  - Elevado potencial de ahorro: 82-93 %.
  - Vida útil: 40 000 a 100 000 horas.
  - De 50-250 lumen/vatio (dependiendo de la calidad del producto).

Figura 4.9. Lámparas LED.

2.3   *Iluminación.* Mejorar

* **Crear conciencia en el personal** mediante carteles, etiquetas autoadhesivas junto a los interruptores de luz, y seguimiento constante para apagar luces en áreas que no la necesiten en ese momento.

* **Aprovechar la luz natural** mediante el uso de ventanas o tragaluces cerca de los puntos de trabajo. Sin embargo, se ha de considerar que es más barato iluminar un área que enfriarla. De modo que si por usar luz natural va a entrar la luz solar intensamente en la oficina, y luego será necesario utilizar el aire acondicionado para enfriarla, desde un punto de vista energético es más eficiente y económico usar la luz eléctrica.

Figura 4.10. Cartel promotor de ahorro de energía.

* **Ventanas, tragaluces y luminarias limpios** y en buen estado permiten que pase hasta un 30 % más luz que aquellos sucios y en mal estado.

Figura 4.11. Tragaluces para aprovechar la luz solar.

- **Instalar sensores de presencia** en áreas de mucho tráfico como escaleras, pasillos y baños. Estos dispositivos permiten ahorrar hasta el 50 % de la energía, al no depender de que las personas recuerden apagar la luz al salir.

- **Instalar temporizadores.** Estos dispositivos pueden programarse para que se enciendan y apaguen automáticamente con un determinado horario y con cierta intensidad, evitando así que quede la luz encendida durante la noche o en fines de semana.

Figura 4.12. Sensor de presencia.

- **Instalar sensores de contribución solar.** Son dispositivos que se colocan en áreas próximas a ventanas, tragaluces y en donde llegue la luz de forma natural. Estos sensores miden continuamente la cantidad de luz que hay, la comparan con la que debería de haber, y la compensan. Por ejemplo, si un área de oficinas necesita 300 luxes y la luz natural aporta 200 luxes, entonces la lámpara debe de aportar los 100 luxes faltantes. Si la luz natural aporta todo, la lámpara se apaga. Pueden ahorrar aproximadamente un 50 % de energía.

- **Hacer mantenimiento con regularidad** y reemplazar lámparas con luz tenue, parpadeantes o viejas; las nuevas mejoran el ambiente de trabajo y suelen consumir menos electricidad.

- **Instalar lámparas ahorradoras.** Según la actividad que se va a desarrollar, puede comportar ahorros en energía que pueden ser de hasta un 80 % en áreas de oficina. Hay opciones con lámparas led o incluso con lámparas fluorescentes compactas (CFL).

- **Instalar reflectores de aluminio o de acabado tipo espejo** para distribuir la luz de la lámpara de una manera más eficiente.

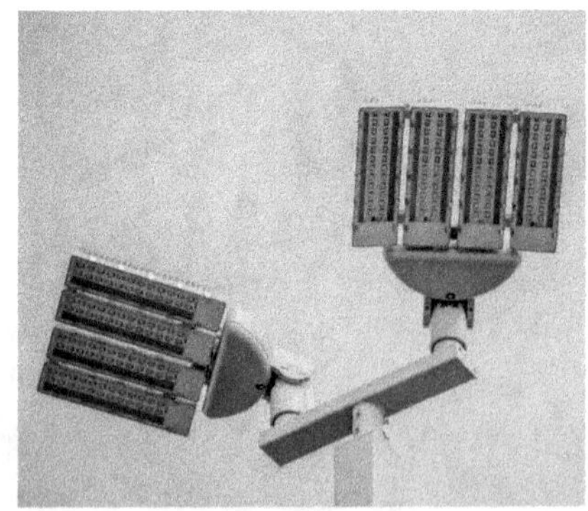

Figura 4.13. Reflector con acabado tipo espejo.

- **Modernizar el sistema de alumbrado exterior.** Si se cuenta con zona de estacionamiento e iluminación nocturna, cabe considerar también instalar postes de luz con tecnología led y temporizadores.

- **Redistribuir los circuitos.** Los circuitos de iluminación se definen habitualmente al construir el edificio, pero con el tiempo la distribución de las oficinas no coincide con el diseño de los circuitos. Por ejemplo, un solo interruptor puede estar controlando la luz de tres oficinas con actividades y horarios distintos. Al redistribuir los circuitos se arregla esta situación.

- Sustituir reactancias o balastos magnéticos por electrónicos en lámparas que los requieran.

3   Motores y sistemas de bombeo

Los motores eléctricos pueden llegar a representar desde un 10 %, para oficinas y empresas de servicio que solo utilizan motores para bombear agua de uso sanitario, hasta el 70 % en empresas de manufactura.

La función principal de los motores es generar trabajo (movimiento), alimentados con alguna fuente de energía, ya sea un combustible o electricidad. A través de magnetismo y otros fenómenos físicos que suceden en su interior, aportan movimiento: mover, empujar, subir, bajar, hacer girar cosas.

En las empresas los motores eléctricos tienen diferentes funciones, como por ejemplo:

- Accionar bandas transportadoras.
- Bombear agua, aceite u otros fluidos.
- Accionar elevadores.
- Mover fresas, tornos, taladros.
- Impulsar vehículos de transporte (accionar ruedas).
- Mover turbinas.

Los motores deben ser dimensionados, por regla general, a un 85 % de su capacidad nominal (la que se indica en su placa identificativa). Esto quiere decir que un motor de 10 HP (o 7.5 kW) debe ser utilizado con una carga de 8.5 HP (o 6.37 kW). El no hacerlo de esta forma implica que los motores no están siendo utilizados de una manera eficiente y, por lo tanto, se desperdicia energía.

Figura 4.14. Motor eléctrico de eficiencia estándar.

Existen también motores eléctricos de alta eficiencia. En su proceso de fabricación se emplean mejores materiales y tienen menos pérdidas de energía. Aunque son aproximadamente un 30 % más caros que los tradicionales, incluso al no ser utilizados al 85 % de su carga, tienen una eficiencia más alta.

Figura 4.15. Motor eléctrico de alta eficiencia.

3.1 *Motores y sistemas de bombeo.* Medir y analizar

La potencia de los motores y las bombas viene indicada en las placas identificativas, y todo este tipo de elementos deben de llevarlas de acuerdo con las normativas de cada país.

En la misma se pueden apreciar diferentes datos. Para fines de ahorro de energía debemos centrarnos en la potencia, que se puede expresar en caballos de fuerza anglosajón (HP) o en caballos de vapor (CV) del sistema métrico internacional, o bien en kilovatios (kW), voltios (V) (voltaje) y amperios (A) (corriente eléctrica).

A título de recordatorio, la fórmula para obtener la potencia es:

$$\text{Potencia} = \text{Voltaje} \times \text{Amperaje} \times 1.73^* \times \text{Eficiencia} \times$$
$$\text{Factor de carga}^{**} \times \text{Factor de potencia}^{***}.$$

* Solo para motores con tres fases, si solo tiene una fase, no se incluye este valor.
** Por convención se toma siempre 0.95.
*** Por ser valor teórico de placa es 1, en la práctica es un porcentaje medido, 0.95, 0.80, etc...

Tomando como referencia la placa de la figura 4.16, el cálculo de la potencia es:

$$\text{Potencia} = 460\ \text{V} \times 207\ \text{A} \times 1.73 \times 0.954 \times 0.95 = 149.29\ \text{kW}.$$

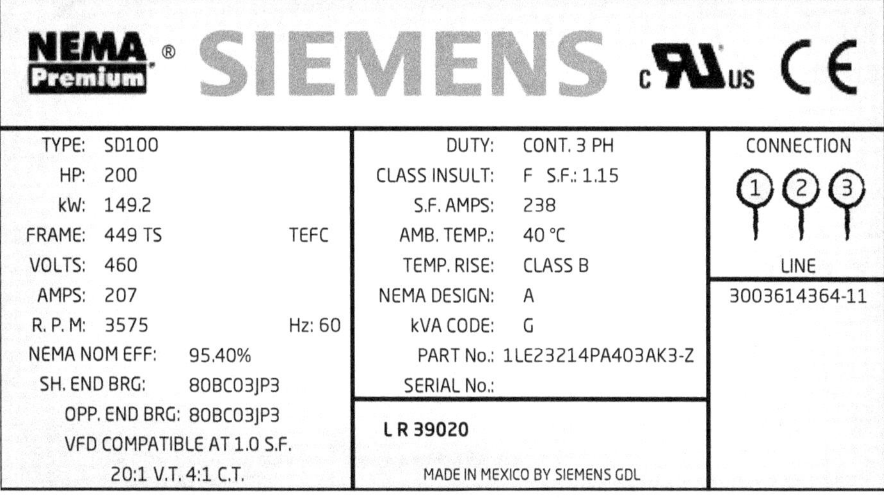

Figura 4.16. Placa identificativa de un motor de alta eficiencia.

Figura 4.17. Medición del amperaje con un amperímetro de gancho.

Así, la potencia indicada en la placa es de 150 kW (o 200 HP), y ha de ser similar a lo que se mide en la realidad.

En la práctica si queremos obtener datos reales, la manera más común y con un buen nivel de precisión es utilizar un amperímetro de gancho, que permite medir cada una de las fases del motor y conocer cuánta corriente pasa.

Con estas mediciones, podemos aplicar la formula y obtener un resultado real. Los demás datos, como el voltaje, se pueden medir, pero se suele obtener fácilmente peguntando a quien conozca las instalaciones eléctricas. La eficiencia viene indicada en la placa, el factor de carga suele ser 0.95 y el factor de potencia se puede medir o bien tomarlo de la factura de la electricidad, si bien esta opción puede no ser precisa si hay bancos de capacitores instalados.

Se debe tener en cuenta que los motores viejos o en malas condiciones tienden a consumir más electricidad o a desperdiciar energía, y que existen un conjunto de buenas prácticas que contribuyen a que los motores funcionen de la manera más eficiente posible.

3.2   *Motores y sistemas de bombeo.* Mejorar

- **Hábitos y buenas prácticas**

  - **Tratar de cargar los motores a un 85 % de su capacidad,** para evitar desgastes innecesarios y prolongar su vida útil.

- **Limpiar las carcasas periódicamente** y evitar la acumulación de polvo o suciedad permitirá que el mecanismo de ventilación funcione correctamente, y se eviten sobrecalentamientos y daños.
- **Realizar periódicamente mantenimientos, análisis de temperatura y vibraciones,** cuando menos a los motores principales, para anticiparse a fallos y evitar desperdicio de energía. Un motor sobrecalentado convierte la electricidad en fricción y en calor, en lugar de convertirla en trabajo (movimiento).

- **Tecnología**

  - **Reemplazar los motores viejos convencionales (o reparados) que se usen continuamente por motores de alta eficiencia,** preferentemente una vez que el motor llegó al fin de su vida útil o después de un par de reparaciones mayores o de rebobinadas.
  - **Instalar variadores de velocidad en motores que trabajen a cargas variables** (muy útil para sistemas de bombeo), puede ahorrar hasta el 50 % del consumo eléctrico.
  - **Evaluar no trabajar en horarios punta e instalar temporizadores,** si la operativa de la empresa lo permite, puede ahorrar dinero sin realizar ninguna inversión.

4 Sistema de aire comprimido

Una de las principales aplicaciones de la energía eléctrica en la industria es la energía neumática o de aire comprimido. Estos sistemas son muy comunes en las industrias metalmecánica, farmacéutica, automotriz, alimentaria y electrónica, entre otras.

Algunas herramientas neumáticas comunes son, por ejemplo, los martillos, los taladros, las pistolas de clavos, las pistolas de pintura, las sierras o los desatornilladores.

El principio general de los sistemas de aire comprimido es que en unas máquinas llamadas compresores se succiona el aire del ambiente para, mediante el uso de energía eléctrica, comprimirlo a altas presiones y bombearlo por tuberías a otros lugares o áreas de la empresa en donde este aire será usado para accionar maquinaria y dispositivos.

El sistema está formado por diversos componentes, de los que conviene destacar el compresor y el sistema de distribución, formado por tuberías, ramales, mangueras y puntos de conexión.

Figura 4.18. Aplicaciones de sistemas de aire comprimido.

Para que un sistema de aire comprimido funcione adecuadamente hay que cuidar aspectos relevantes, como la presión y calidad del aire, la temperatura y la humedad, de modo que, en el afán de ahorrar energía, esos factores no se vean afectados.

4.1 *Sistema de aire comprimido.* Medir y analizar

Al igual que con los motores y la iluminación, es importante definir un punto de partida medible.

Un buen criterio para evaluar la eficiencia energética es obtener el indicador de cantidad de aire comprimido producido y relacionarlo con la producción obtenida, durante un período de tiempo determinado, ya sea diario, semanal o mensual.

La cantidad de aire se mide en pies cúbicos por minuto (ft³/min o CFM, *cubic feet per minute)* o metros cúbicos por segundo (m³/s) y hace referencia a cuánto aire envió el compresor a las tuberías para ser distribuido en los ramales.

En la gran mayoría de los compresores es posible obtener reportes en el tablero de control del volumen de aire producido en un cierto periodo de tiempo. Suponiendo que se quiera conocer el desempeño de la semana pasada, entonces:

1. Se deberá conseguir información sobre el número de piezas producidas.
2. Obtener la cantidad de pies o metros cúbicos producidos por el compresor.
3. Dividir la cantidad de piezas producidas entre la cantidad de pies o metros producidos.

4. El resultado será el indicador de qué volumen de aire se requiere para hacer una pieza.
5. Este será el punto de partida para mejorar la eficiencia energética, partiendo de aspectos como las buenas prácticas y evaluando después factores de tecnología.

Cabe subrayar que a menor consumo de aire comprimido menor será la cantidad que deberá ser producida en los compresores, y menor será el consumo eléctrico de los mismos.

4.2 *Sistema de aire comprimido.* Mejorar

Veamos aquí un conjunto de sugerencias que pueden contribuir con ahorros de un 20 % y hasta un 50 % de la energía eléctrica dedicada a este fin.

- **Hábitos y buenas prácticas**
  - **Seleccionar el tipo de compresor adecuado** para la función que ha cumplir, no comprarlo solo porque «está a buen precio».
  - **Realizar análisis periódicos para localizar y eliminar fugas** de aire, tanto en el compresor (estudio de consumo de aire con especialistas o con la empresa fabricante) como en los ramales y en las herramientas (puntos de consumo). Es muy común que existan fugas, y esto es como tirar energía a la basura.
  - **Tomar conciencia del buen uso del aire comprimido.** Es común ver que las personas utilizan el aire comprimido para quitarse el polvo de la ropa o para limpiar repetidamente su lugar de trabajo, lo cual genera demandas artificiosas de aire.
  - **Trabajar con el nivel de calidad de aire de acuerdo a su proceso.** Aunque siempre es preferible trabajar con aire muy limpio, trabajar con una calidad de aire superior a la requerida por un determinado proceso hace más costosa la operación.

- **Tecnología**
  - **Incluir «tanques pulmón»** de aire comprimido dimensionados para el diseño del sistema para evitar continuos encendidos y apagados del compresor. Suele aumentar el costo, pero compensa por sus prestaciones.
  - **Incluir variadores de frecuencia** en el compresor si el consumo de aire varía a lo largo del día. Si el consumo es constante y siempre el mismo, no son necesarios.

- **Rediseñar el sistema de distribución de aire** si el proceso ha cambiado substancialmente desde que se diseñó inicialmente. En ocasiones, un diseño inapropiado puede generar consumos muy elevados debido a pérdidas de presión por una planificación deficiente.

5   Climatización y refrigeración

Además de la iluminación, que vimos en apartado anterior, para que las personas puedan sentirse cómodas y trabajar adecuadamente, es importante considerar otros factores ambientales, como son:

- Temperatura.
- Humedad.
- Ventilación.

Estos tres factores son de vital importancia, ya que trabajar fuera de los parámetros recomendados tiene efectos directos negativos, tanto para la salud de las personas como para la calidad y productividad en las organizaciones.

Las condiciones óptimas de confort y de trabajo son:

- De 21 ºC (70 ºF) a 26 ºC (79 ºF) para la temperatura.
- De 45 a 55 % de humedad.

Figura 4.19. Exterior de un edificio de oficinas.

- Al menos cinco cambios de aire por hora (cuando hay ventilación mecánica), para la ventilación.

El medio ambiente exterior de los centros de trabajo ejerce una gran influencia en las condiciones de trabajo de las personas en el interior.

En un edificio convencional, la mayor parte de las ganancias o pérdidas de calor se producen a través de las ventanas (radiación), así como a través de los muros y el techo (convección).

Hace mucho tiempo, antes de la invención de la climatización mecánica, se daba mucha importancia a los materiales de construcción, a la posición del sol durante el día y durante el año, y a otros factores ambientales para la construcción de espacios de vivienda o de trabajo.

A inicios del siglo xx, el ingeniero estadounidense Willis Carrier inventó lo que hoy conocemos como aire acondicionado o climatización mecánica. Esto hizo posible que los rascacielos pudieran ser construidos en las grandes ciudades garantizando el confort para las personas en su interior durante todo el año. Ahora es posible construir edificios impresionantes, totalmente acristalados, que energéticamente hablando son muy ineficientes. Lamentablemente, con la climatización mecánica se dejó de prestar interés a conceptos esenciales de arquitectura bioclimática que, sin embargo, hoy se consideran imprescindibles y se están implantando de manera generalizada.

Un razonamiento erróneo, cuando un equipo de aire acondicionado ya no puede enfriar lo requerido es: «¿Cómo le hacemos para enfriar más?». Cuando el razonamiento más sensato sería: «¿Cómo hacemos para que el lugar se caliente menos, y no tener que enfriar tanto?».

La respuesta a este dilema se llama «aislamiento térmico». Existen materiales y algunos productos desarrollados para este fin, que se mencionarán en la sección de *Mejorar*.

En cuanto a los sistemas de aire acondicionado y refrigeración, funcionan de manera muy similar: están dotados de un sistema de válvulas, compresores, tuberías y gases refrigerantes que absorben calor. Estos fluidos toman el calor del aire dentro de la habitación (etapa evaporación), mientras que un ventilador sopla aire en la misma, con lo que la temperatura baja un poco, y el calor es transportado dentro del gas, a través del conducto hacia afuera del edificio (etapa condensación), en donde el gas, todavía dentro del conducto, libera el calor al ambiente, se enfría y se hace líquido de nuevo, y reinicia el circuito.

El gas o líquido refrigerante nunca sale del sistema de conductos, su función es servir como medio de transporte de frío o de calor de un lado al otro del sistema.

En la figura 4.20 se presenta un sistema de aire acondicionado tipo *minisplit,* el más común. Otros tipos de mayor capacidad son los de «ventana», «paquete» o

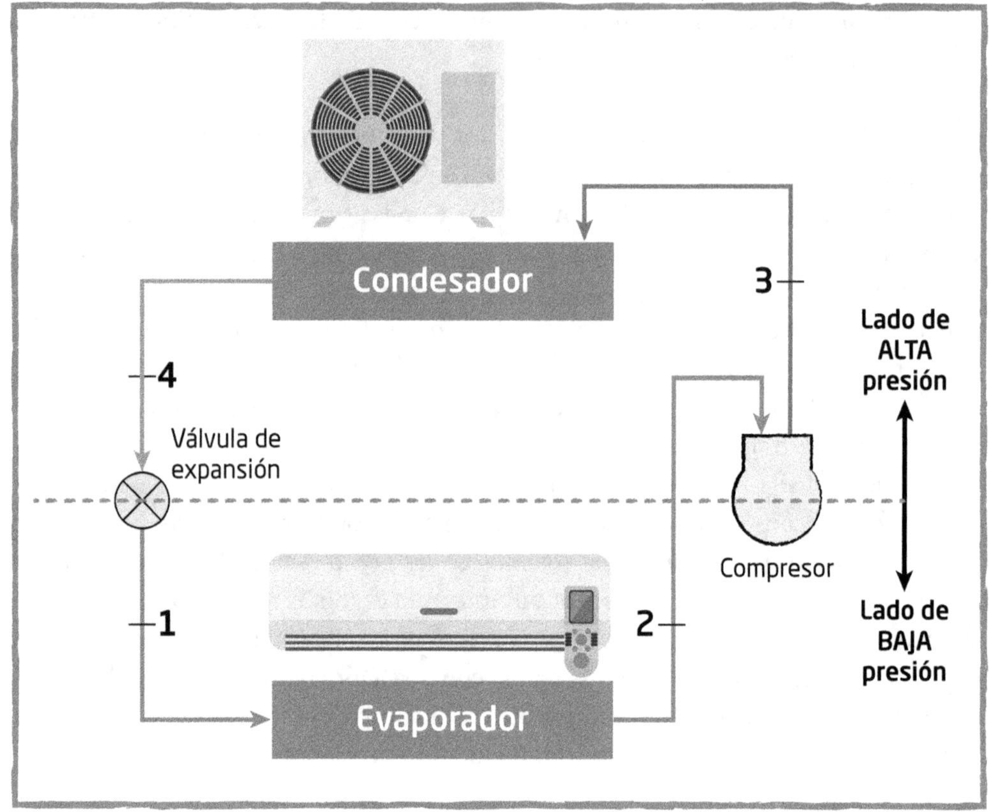

Figura 4.20. Ciclo de un sistema de aire acondicionado.

«sistema central con *chiller* y torres de enfriamiento», aunque todos se rigen por los mismos principios básicos.

5.1   *Climatización y refrigeración.* Medir y analizar

De manera similar a los elementos tratados anteriormente, antes de ejecutar mejoras en climatización y refrigeración es necesario conocer el estado actual (medir) y evaluar las áreas de oportunidad (analizar).

La forma correcta de medir la eficiencia en este caso sería relacionando la cantidad de frío que se obtiene (variable de salida) con la cantidad de electricidad que se invierte (variable de entrada).

El frío se mide principalmente en kilocalorías por hora (kcal/h) o frigorías (fg) y en toneladas de refrigeración (TR) o en unidades térmicas británicas (BTU), de modo que en las etiquetas y especificaciones técnicas se pueden utilizar distintas unidades de medida. Las equivalencias más comunes:

- 1 TR = 12 000 BTU/hora.
- 1 BTU/hora = 0,29 W.
- 1 TR = 3 023.95 kcal/h.
- 1 kcal/h = 3,97 BTU/h.
- 1 fg = - 1 000 cal/h.

Los equipos de aire acondicionado más modernos generan más frío o calor y consumen menos electricidad que los equipos más antiguos. La manera más común de medirlo es mediante el SEER *(seasonal energy efficiency ratio* o factor de eficiencia energética estacional).

Este coeficiente se especifica en la descripción técnica de los equipos, o se puede obtener en internet al buscar información sobre cualquier modelo. En la década de 1990, los sistemas de aire acondicionado trabajaban con un SEER de 9, mientras que en la actualidad cualquier equipo tiene un SEER de 13 e incluso los hay de hasta 19.

¿Pero eso que quiere decir en terminos de ahorro energético? Para obtener una estimación del consumo y el costo energético de los equipos es necesario aplicar la siguiente fórmula:

$$\text{Potencia consumo promedio} = \frac{\text{Potencia de refrigeración (BTU/h)}}{\text{SEER (BTU/Wh)}}.$$

Por lo tanto, un equipo de aire acondicionado con SEER 9:

$$\text{Potencia consumo promedio} = \frac{11\ 500\ \text{BTU/h}}{9\ \text{BTU/Wh}} = 1\ 277.78\ \text{W o } 1.27\ \text{kW}.$$

Comparado con un equipo de aire acondicionado con SEER 13:

$$\text{Potencia consumo promedio} = \frac{11\ 500\ \text{BTU/h}}{13\ \text{BTU/Wh}} = 884.62\ \text{W o } 0.88\ \text{kW}.$$

Como se puede apreciar la reducción de consumo energético y el gasto en electricidad se redujo en 0.39 kW, **un 30 % menos,** con el mismo nivel de climatización y confort, al usar un equipo más nuevo con SEER más alto.

Así es como se puede determinar la conveniencia de reemplazar un equipo de aire acondicionado por uno eficiente.

5.2   *Climatización y refrigeración.* Mejorar

Existen diferentes medidas que se pueden tomar para reducir los costos de climatización, con diferentes enfoques. Veamos a continuación las más importantes:

- **Hábitos y buenas prácticas**
  - **Pintar de colores claros techos y fachadas** reduce la cantidad de calor absorbida. El color blanco refleja del 70 al 80 % de la radiación solar.
  - Pintar la azotea de blanco puede reducir hasta un **55 % la ganancia térmica** que entra por el techo.
  - En el caso de las paredes, los colores claros pueden significar hasta un **40 % en reducción de ganancia térmica.**
  - En lugares calurosos, en los que la entrada de luz natural va de la mano con la entrada de calor, es más conveniente cerrar la cortina o bajar la persiana y encender la luz. **Es mucho más barato iluminar un área que enfriarla.**

Figura 4.21. Filtros de aire acondicionado del sistema minisplit.

- **Limpiar los filtros** de los equipos de aire acondicionado al menos una vez cada año. La suciedad acumulada, además de ser un riesgo para la salud, impide que el aire fluya libremente, mermando la capacidad del equipo.
- **Permitir una ventilación natural** (cuando sea posible) al menos dos veces al día, especialmente si hay personas enfermas de las vías respiratorias en el área. Tener también en cuenta que es más fácil climatizar el aire limpio que el aire sucio.
- **Programar la temperatura o el tiempo** en rangos aceptables para evitar que las personas hagan ajustes continuamente. Si es necesario, no dejar los termostatos al alcance de cualquiera. Verificar que los equipos permanezcan apagados a la hora de la comida y por la noche.
- **Posicionar adecuadamente los termostatos.** Evitar que estén expuestos a la luz del sol o cerca de una fuente de calor, como la cafetera, por ejemplo, o en un lugar donde haya corrientes de aire. La lectura de la temperatura puede ser incorrecta y afectar a la comodidad de las personas.
- **Estandarizar las temperaturas.** Como los límites de confort se sitúan entre 21 y 26 °C, conviene quedarse cerca del límite más cercano a la temperatura ambiente (21 °C si hace frío o 26 °C si hace calor). Fijar la temperatura en 25 °C en lugar de 23 °C representa un ahorro del 23 % en energía.
- **Mantener puertas y ventanas cerradas** el mayor tiempo posible para evitar pérdidas térmicas.
- **Realizar inspecciones y mantenimiento preventivo una vez al año** para garantizar el óptimo funcionamiento de los equipos.

- **Tecnología**
  - **Al construir o remodelar, emplear materiales aislantes** térmicos (poliestireno, poliuretano o fibra de vidrio, por ejemplo) en la parte exterior del techo y en la parte exterior de las paredes, evitan que el calor o el frio penetren en el edificio.
  - **Instalar películas de control solar** en las ventanas por donde más entra el sol. Filtran buena parte del calor pero dejan pasar la luz. Esto ocasiona una reducción de la carga térmica (la habitación se calienta menos y no hay que enfriarla tanto).
  - **Al construir o remodelar considerar ventanas aislantes con doble cristal,** en ocasiones con gas argón encapsulado entre los cristales. Este aislamiento térmico permite reducir del 30 al 50 % el consumo de energía térmica.
  - **Considerar aspectos de arquitectura bioclimática** para reducir al mínimo los costos de ventilación y climatización.

Figura 4.22. Película de control solar.

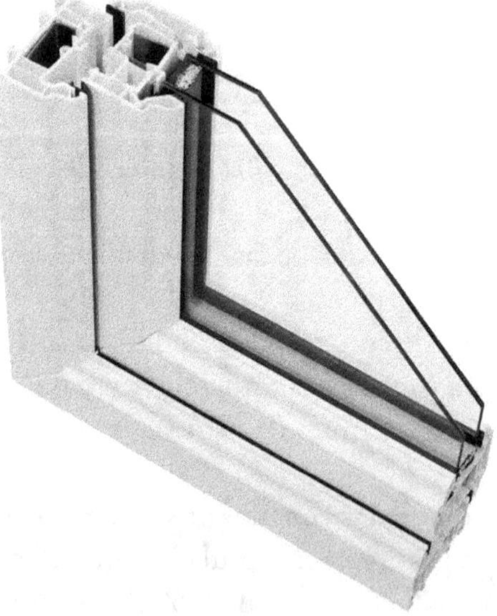

Figura 4.23. Ventanas con doble cristal como aislante térmico.

- **Instalar el tipo de aire acondicionado más adecuado a las necesidades.** A mayor capacidad de los equipos mayor eficiencia energética, pero no siempre resulta ser lo más práctico. Se debe evaluar si un sistema de enfriamiento central es realmente necesario. Tener varios *minisplits* puede ser más cómodo y económico, aunque no resulten tan eficientes, energéticamente hablando.
- **Al elegir un equipo *minisplit,* debe disponer de tecnología *inverter.*** Todas las marcas los manejan, funcionan con un variador de velocidad, consumen casi la mitad de electricidad que los convencionales y tienen un SEER de hasta 19.

6 Agua

Si bien el agua no es un producto energético, es un recurso imprescindible para las personas y un insumo importante en numerosos procesos industriales.

Ahorrar agua es muy buena idea, sobre todo si te trata de ahorrar agua caliente, pues se produce un impacto triple. Se ahorra en el costo del agua, en el de la electricidad requerida para bombear esa agua y en el costo del combustible necesario para calentar el agua.

Con viene tener presente que las temperaturas aproximadas para funciones como ducha caliente (35-40 °C), lavandería (30-60 °C), pasteurización (75°C), no hacen necesario que se alcancen temperaturas muy elevadas.

Independientemente del uso que se le vaya a dar al agua, es importante elegir en que área o proceso en que esta sea necesaria se enfocará un proyecto de ahorro energético. Puede ser desde los baños de la empresa, hasta algún proceso productivo dentro de la operación.

6.1 *Agua.* Medir y analizar

Al igual que con la electricidad, es importante en un inicio revisar el historial de consumo revisando las facturas del último año. También conviene obtener promedios de consumo, identificando si hay fenómenos de estacionalidad y, sobre todo, sentar las bases de un indicador confiable al respecto.

En el caso de empresas de servicios, puede ser litros/persona al día, mientras que si se trata de procesos de fabricación, puede ser litros/pieza o litros/tonelada, por ejemplo.

Estos indicadores se deben incluir como parte de las reuniones semanales de revisión de indicadores, con el fin de asegurar que son visibles para el conjunto de la organización y que se les da seguimiento, buscando la mejora continua.

6.2   *Agua.* Mejorar

Algunas sugerencias efectivas para reducir el consumo de agua en las organizaciones son:

- **Hábitos y buenas prácticas**
  - **Carteles de sensibilización** cerca de los puntos de consumo.
  - **Medir consumos** y llevar un control periódico, con indicadores.
  - **Establecer límites de consumo** diario o semanal (definir presupuesto) basado en el historial de consumos.
  - **Reparar goteras y fugas.** Está demostrado que es la manera más barata y de mayor impacto para ahorrar agua.

- **Tecnología**
  - **Instalar reductores de flujo,** limitan el flujo de agua para evitar que se desperdicie y ahorran aproximadamente un 15 %.

Figura 4.24. Reductor de flujo de agua.

  - **Instalar grifos de presión en los lavamanos.** Es un dispositivo mecánico que permite el flujo de agua por unos segundos, lo cual reduce el consumo ya que no es posible dejar la llave abierta, y solo se usa el agua que se necesita.

  - **Instalar grifos con sensores infrarrojos.** Evitan que se desperdicie agua, ya que solo funcionan al detectar que las manos están suficientemente cerca del dispositivo.

Figura 4.25. Grifo de presión
para lavamanos.

Figura 4.26. Grifo con sensor infrarrojo.

Figura 4.27. Aireador.

- **Instalar aireadores** (aplica solo para agua presurizada), que mezclan aire y agua, lo cual reduce el flujo de agua por segundo hasta en un 50 %.

- Para ahorrar en gas para el agua caliente, **aislar térmicamente las tuberías y el depósito de almacenamiento** (en el caso de que exista). Así se reducen las pérdidas de calor y el agua llega a una mayor temperatura a su destino.

- **Realizar inspecciones periódicas** y revisar que los quemadores de gas estén en buenas condiciones.

Figura 4.28. Aislante térmico para tuberías de agua.

Ejemplo

La finalidad de este ejercicio es analizar cuáles son los factores que inciden en el costo de los recursos energéticos y qué opciones existen para reducirlos y cuantificar económicamente la factibilidad de una inversión.

Una empresa está evaluando la posibilidad de comprar e instalar una bomba de agua de alta eficiencia, así como escusados, lavamanos y duchas ahorradoras de agua.

Su consumo mensual promedio es el siguiente:

- Agua de uso sanitario = 300 m^3 (300 000 litros).
- Potencia de la bomba actual = 1 HP (0.75 kW).
- Consumo actual = 21 litros/min.
- Porcentaje de agua que requiere ser calentada = 33 %.
- Costo del kWh = $1.40.
- Costo del agua= $17/$m^3$ (1 000 litros).
- Costo del gas LP/kg= $20 pesos (con 4 kg de gas se calientan 1 000 litros).

Con la instalación del sistema de bombeo sugerido, se obtendrían los siguientes valores:

- Potencia de la bomba sugerida = 0.5 HP (0.375 kW).
- Consumo de agua sugerido = 13 litros/min (con la aplicación de medidas y dispositivos ahorradores).

Suponiendo que el costo de los equipos y la instalación es de $650 000 pesos (o $32 500 USD):

- ¿Cuál sería la diferencia en los consumos de la situación actual *versus* la sugerida?
- ¿En cuánto tiempo se recuperaría la inversión?
- ¿Es razonable considerar esta opción?

Para responder a estas preguntas, primero se debe tener claro cuáles son los factores por lo que se ha de pagar y en los que se verá un ahorro significativo.

En este caso esos conceptos son:

- Consumo de electricidad (kWh) (englobando todos los aspectos por los que cobra la compañía eléctrica).
- Demanda de electricidad (kW) (englobando todos los aspectos por los que cobra la compañía eléctrica).
- Costo del agua.
- Costo del gas LP.

Costo de consumo energía eléctrica (kWh)

A)	Potencia del Sistema (kW)		Horas al mes de operación		Costo por kWh		Costo de Electricidad mes (kWh)	Costo de Electricidad anual (kWh)
Sist. Bombeo Actual	0.75	X	240	X	$ 1.40	X	$ 252.00	$ 3,024.00
Sist. Bombeo Sugerido	0.375	X	240	X	$ 1.40	X	$ 126.00	$ 1,512.00

Tabla 4.3. Consumo eléctrico en kilovatios-hora (kWh).

Al revisar los consumos eléctricos del sistema actual *versus* el sugerido, se observa que al sustituir el equipo de bombeo por uno de menor capacidad existe un impacto directo en el consumo eléctrico (kWh), lo cual repercute en un **ahorro anual de $1 512 pesos ($75.60 USD)**.

Costo de Demanda (kW)

B)	Potencia del Sistema (kW)		Costo demanda mensual		Costo demanda mensual	Costo de demanda anual (kWh)
Sist. Bombeo Actual	0.75	X	$ 320.00	=	$ 240.00	$ 2,880.00
Sist. Bombeo Sugerido	0.375	X	$ 320.00	=	$ 120.00	$ 1,440.00

Tabla 4.4. Ahorro en demanda (kW).

En el costo de demanda, también se observa el efecto de usar una bomba de menor potencia, por lo que **el ahorro anual debido a esta reducción de kilovatios es de $1 440 pesos ($72 USD).**

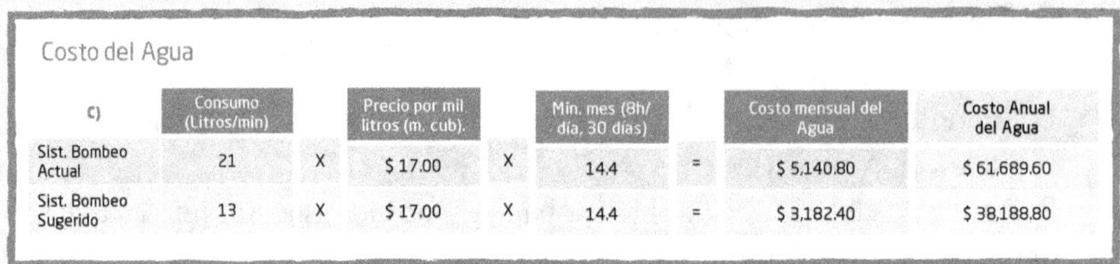

Costo del Agua

C)	Consumo (Litros/min)		Precio por mil litros (m. cub).		Min. mes (8h/ día, 30 días)		Costo mensual del Agua	Costo Anual del Agua
Sist. Bombeo Actual	21	X	$ 17.00	X	14.4	=	$ 5,140.80	$ 61,689.60
Sist. Bombeo Sugerido	13	X	$ 17.00	X	14.4	=	$ 3,182.40	$ 38,188.80

Tabla 4.5. Costo del agua.

Con la instalación de diversos dispositivos ahorradores y el entrenamiento adecuado del personal, es posible reducir en consumo en aproximadamente un 40 %. La repercusión de esta acción representa un **ahorro anual de $23 500 pesos ($1 175 USD).**

Costo del Gas LP

D)	Litros a calentar mes (33% del total)		Precio por Kg. de gas		Kg. de gas necesario para calentar 1,000 litros		Costo Mensual del Gas	Costo Anual del Gas
Sist. Bombeo Actual	99792	X	$ 20.00	X	4	=	$ 498,960.00	$ 5,987,520.00
Sist. Bombeo Sugerido	61776	X	$ 20.00	X	4	=	$ 308,880.00	$ 3,706,560.00

Tabla 4.6. Ahorro en gas LP.

Sin duda, el impacto mayor se deriva del ahorro en el consumo de gas. Utilizar un 40 % menos agua significa que el consumo de gas se reduce en la misma proporción. Esto se traduce en un **ahorro anual por este concepto de $2,280 960 pesos ($114 048 USD).**

Solamente al revisar este valor, es evidente que la inversión sugerida será rentable. Sin embargo, es necesario presentar números precisos para evaluar el tiempo de recuperación de la inversión.

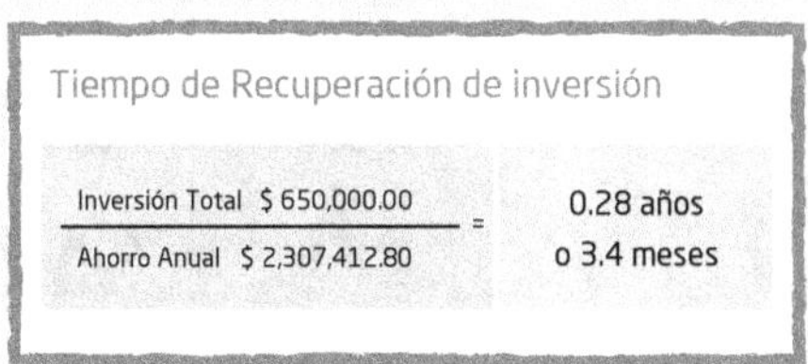

Tabla 4.7. Ahorros anuales totales.

La suma de los ahorros totales anuales, mayores a \$2 300 000 pesos (\$115 000 USD), excede por mucho a los \$650 000 pesos (\$32 500 USD) del costo de los equipos y la instalación.

Tabla 4.8. Recuperación de la inversión.

Concluir que la recuperación de la inversión es menor a un año, es un muy buen indicador de que llevarla adelante será una muy buena decisión.

En el caso de este ejemplo, el período de recuperación fue muy corto; en algunos casos es así, pero en otros el tiempo de recuperación de la inversión puede ser muy largo, incluso de varios años, y posiblemente no sea tan buena idea invertir en esta opción y habrá que buscar otras alternativas.

Si se quisiera hacer este mismo cálculo para el uso de calentadores solares, evidentemente el consumo de gas sería incluso más bajo, y dependiendo de la capacidad del sistema podría llegar a ser casi nulo, salvo para emergencias.

7   Oficinas y áreas diversas

Existen equipos electrónicos que se utilizan con mucha frecuencia en actividades administrativas, como computadoras, monitores, impresoras, proyectores, teléfonos o cafeteras, entre otros. Si bien normalmente el consumo de energía que generan suele ser apenas una fracción, comparado con la climatización o los motores, en algunos casos puede ser similar al de la iluminación. Así que también es conveniente dedicar un apartado a estos elementos.

7.1   *Equipos de oficina y otros.* Medir y analizar

Un buen punto de partida es conocer qué porcentaje del total del consumo eléctrico de la organización depende de las oficinas. En las industrias de transformación la contribución suele ser muy baja, si bien conviene desarrollar proyectos en esta área para involucrar al conjunto del personal, aunque sean discretos los beneficios que cabe esperar de este tipo de proyectos.

Si bien reemplazar una computadora o una impresora por una más nueva y eficiente no significará una diferencia perceptible a la hora de pagar la factura de la electricidad, es un hecho que existen equipos que realizan la misma función y ahorran un 50 % o más del consumo eléctrico. Si se piensa en reemplazar varios equipos, el ahorro es más interesante.

Office

Computer desktop variant	50-200	W
Laptop	20-50	W
Computer monitor lcd or led	50	W
Mp3 player - recharge	0,25-0,45	W
Printer	100	W
Xbox 360	160	W
Iphone	4	W
Phone cordless	3	W
Printer	5	W
Modem/adsl cable	7	W
Mobile phone	4	W
Router wifi	12-24w	W

Tabla 4.9. Potencia de dispositivos electrónicos comunes en el hogar y en oficinas.

7.2   *Equipos de oficina y otros.* Mejorar

Los ahorros puede que no sean tan voluminosos como para justificar un reemplazo de equipos a corto plazo, pero si pueden tener un impacto positivo si se analiza el costo total de operación y mantenimiento durante el total de la vida útil de los equipos.

Ejemplo

Una empresa busca hacer la mejor inversión en lo que respecta a equipos informáticos. Se está considerando hacer una compra de 25 computadoras con especificaciones muy similares.

Estos equipos van a estar encendidos nueve horas diarias, cinco días por semana (45 horas a la semana, cada uno).

Comparativo Costo de Operación- Ciclo de Vida

Horas laborales por semana		Semanas por año		Meses al año		Horas laborales por mes
45	x	52	/	12	=	195

Costo kWh	Costo kW/mes
$ 3.60	$ 320.00

Tabla 4.10. Comparación de consumo energético mensual y su costo.

- Cada computadora de la marca A tiene una potencia medida de 250 W y un costo de $12 500 pesos ($625 USD).
- Cada computadora de la marca B tiene una potencia medida de 150 W y un costo de $15 000 pesos ($750 USD).

Para simplificar el cálculo, se asume que cada kilovatio-hora tiene un costo de $3.60 pesos al mes (considerando todos los conceptos que aplican). Para el caso de la demanda cada kilovatio tiene un costo de $320 al mes (considerando todos los conceptos).

Siendo este el caso, se obtiene el siguiente resultado:

	No. de equipos		Potencia (kW)		Horas/Mes		Costo kWh		Costo mensual consumo (kWh)		Meses al año		Costo anual de consumo (kWh)
Computadora Marca A	25	x	0.25	x	195	x	$ 3.60	=	$ 4,387.50	x	12	=	$ 52,650.00
Computadora Marca B	25	x	0.15	x	195	x	$ 3.60	=	$ 2,632.50	x	12	=	$ 31,590.00

Tabla 4.11. Comparación en la utilización de potencia mensual y su costo.

Para obtener el monto mensual que costaría cada una de las dos opciones, para el factor de «consumo» de energía eléctrica (kWh) se tiene que multiplicar el número de computadoras (25) por la potencia respectiva, y por las horas de uso al mes (195 horas) por el precio de cada kilovatio hora ($3.60). Este resultado se multiplica por 12 meses y se obtendrá el monto anual de las dos opciones.

Ahora se debe calcular lo que corresponde a la «demanda» (la potencia medida en kilovatios).

	No. de equipos		Potencia (kW)		Costo kW/mes		Costo mensual de demanda (kW)		Meses al año		Costo anual de demanda (kW)
							Demanda (kW)				
Computadora Marca A	25	x	0.25	x	$ 320.00	=	$ 2,000.00	x	12	=	$ 24,000.00
Computadora Marca B	25	x	0.15	x	$ 320.00	=	$ 1,200.00	x	12	=	$ 14,400.00

Tabla 4.12. Costo total de la operación de equipos.

Para calcular la demanda no es necesario multiplicar por la cantidad de horas de funcionamiento, sino que basta con incluir aquellos equipos que se utilizan simultáneamente.

Para este ejemplo consideramos la cantidad de computadoras (25) multiplicada por su potencia respectiva y por el costo mensual de cada kilovatio ($320), con lo que se obtiene el costo mensual. Este monto se debe multiplicar por 12 meses para obtener el monto anual que se tendrá que pagar por este concepto en cada caso.

Ahora solo falta sumar tanto para la opción de «computadora A» cómo la de «computadora B» los montos de los costos anuales por conceptos de «energía» (kWh) y «demanda» (kW).

	Costo anual de consumo (kWh)		Costo anual de demanda (kW)		Costo anual total de operación (kWh+kW)
	Costo anual total de operación				
Computadora Marca A	$ 52,650.00	+	$ 24,000.00	=	$ 76,650.00
Computadora Marca B	$ 31,590.00	+	$ 14,400.00	=	$ 45,990.00

Tabla 4.13. Costo del ciclo de vida total entre alternativas.

Una vez que se suman los costos anuales totales de las dos opciones es cuando puede hacerse la evaluación del ciclo de vida.

Para este punto es importante conocer qué política tiene la empresa respecto al tiempo para la depreciación de equipos electrónicos de oficina, factor que puede variar según la empresa. En el caso de este ejemplo, se consideró un período de cinco años. Se pueden considerar además aspectos como la inflación, pero por simplificar y para fines didácticos, se presenta de la siguiente manera:

Costo del ciclo de vida total

A)	Costo por computadora		No. de equipos		Costo total de los equipos
Computadora Marca A	$ 12,500.00	x	25	=	$ 312,500.00
Computadora Marca B	$ 15,000.00	x	25	=	$ 375,000.00

B)	Tiempo de vida útil (Años)		Costo anual total de operación (kWh+kW)		Costo total de operación (5 años)
Computadora Marca A	5	x	$ 76,650.00	=	$ 383,250.00
Computadora Marca B	5	x	$ 45,990.00	=	$ 229,950.00

C)	Costo total de los equipos		Costo total de operación (5 años)		Costo total equipos y operación (5 años)
Computadora Marca A	$ 312,500.00	+	$ 383,250.00	=	$ 695,750.00
Computadora Marca B	$ 375,000.00	+	$ 229,950.00	=	$ 604,950.00

Tabla 4.14

En el inciso A se obtuvo el monto total realizado para la compra de los equipos, al multiplicar el costo por computadora por el número de equipos.

Para el inciso B, se multiplicó el tiempo de vida útil (cinco años) por el costo anual total de operación, obteniendo con esto el costo total de operación por cinco años.

Finalmente, en el inciso C, se sumaron los resultados de los incisos A (costo total de los equipos) y B (costo total de operación por cinco años).

El resultado final indica que comprar las computadoras más caras, las de la marca B, al final de su vida útil termina siendo una opción más económica. Esto se debe principalmente a que son energéticamente más eficientes, por lo que la cantidad de dinero que hay que pagar para garantizar su funcionamiento es menor.

Este ejercicio se puede realizar cada vez que exista una duda sobre qué producto elegir, cuando los aparatos eléctricos o electrónicos con características funcionales similares tengan diferentes precios y potencias o niveles de eficiencia energética.

- **Hábitos y buenas prácticas**
  - **Crear conciencia en el personal** sobre la importancia de que todos contribuyan al ahorro de energía con acciones concretas que estén a su alcance.
  - **Seleccionar el modo «suspender» en equipos informáticos** cuando no se vayan a utilizar por más de treinta minutos reduce el consumo de energía en un 97 % y el reinicio es casi instantáneo.
  - Antes de comprar cualquier equipo eléctrico o electrónico de oficina, **revisar en la etiqueta el consumo eléctrico del equipo** (esa información es legalmente obligatoria).
  - Instalar **submedidores eléctricos en oficinas** o áreas administrativas para conocer el consumo real de esas áreas y poder fijar metas para reducirlo.

- **Tecnología**
  - **Evaluar si es conveniente centralizar impresoras** en lugar de que cada persona tenga una; así será más fácil gestionar con eficiencia los consumibles y se ahorrará electricidad.
  - **Colocar temporizadores** en las tomas de corriente donde se conecten equipos como ventiladores, refrigeradores u otros que permitan limitar el horario de uso.

Capítulo 5
Herramientas Lean Six Sigma
para la energía y el desarrollo sostenible

Lean Manufacturing se desarrolló a mediados del siglo xx en Japón, concretamente en la empresa Toyota, como una iniciativa que buscaba aumentar la competitividad de la empresa ante los competidores extranjeros, principalmente de Estados Unidos y de Europa.

Con la cultura de trabajo presente en todos y cada uno de los integrantes de su equipo, Toyota es hoy en día un referente mundial en cuanto a calidad, productividad y eficiencia de sus operaciones, con personal comprometido y motivado para hacer cada día mejor las cosas.

Six Sigma se desarrolló en la empresa Motorola en la década de 1980 como un proyecto interno. Su finalidad era mejorar significativamente la calidad a través del cuidado de los factores que influyen en la calidad durante los procesos, en lugar del enfoque reactivo tradicional al analizar la calidad al final o cuando ha afectado al cliente.

Lean Six Sigma[1] es una filosofía que busca el éxito en las personas y empresas, ya que se aplica integralmente en todas las áreas clave de cualquier tipo de compañía. La premisa básica consiste en eliminar todos los desperdicios y la variación en los procesos de servicios y manufactura, con el fin de conseguir que el tiempo que

---

[1] Para profundizar en el conocimiento Lean Six Sigma, consultar los siguientes libros:
- *Lean Manufacturing paso a paso*, Luis Socconini, Marge Books, 2019, Barcelona.
- *Lean Company. Más allá de la manufactura*, Luis Socconini, Marge Books, 2019, Barcelona.
- *Lean Six Sigma Management. Sistema de Gestión para liderar empresas*, Luis Socconini y Carlo Reato, Marge Books, 2019, Barcelona.

transcurre desde que el cliente activa un pedido hasta que lo recibe y paga por él sea el menor posible.

Frecuentemente se implementan mejoras en los procesos sin saber que, en ocasiones, de manera indirecta también se afecta al consumo energético y el cuidado del medio ambiente.

1 Etapa de analizar

El propósito de la etapa de análisis es evaluar la estabilidad y capacidad de un proceso para producir dentro de unas determinadas especificaciones, así como establecer las causas raíz que están generando una variación.

- **Actividades a realizar**
  - Determinar las fuentes de variación.
  - Identificar el cuello de botella del proceso.
  - Analizar las causas raíz.

1.1 Herramientas que se utilizan en la etapa de análisis

Las herramientas que se presentan a continuación se pueden utilizar según sea necesario dependiendo de las necesidades del proyecto. Es importante conocerlas y aplicarlas en los proyectos de mejora del aprovechamiento energético, porque todas sin excepción tienen aplicaciones prácticas y gran valor en el desarrollo de mejores organizaciones.

1.2 Análisis de la cadena de valor

- **Mapa de la cadena de valor** *(value stream map* o VSM): para conocer a fondo los procesos y validar las actividades que agregan valor, así como el consumo energético de cada operación y el impacto en el medio ambiente.
- **Diagrama de Sankey:** para analizar la distribución teórica y real de la energía y detectar oportunidades de mejora.
- **Diagramas de flujo:** para entender la secuencia de los procesos a través de las diferentes etapas en las que intervienen diferentes áreas y personas, generando un flujo de información y de materiales que se convierten en productos y servicios. En el caso del consumo energético permiten visualizar los puntos de consumo, así como la cantidad de energía utilizada en cada etapa.

- **Diagrama espagueti:** para identificar movimientos innecesarios de material o de personal que requieren equipo, espacio y energía.
- **Análisis de desperdicios** *(muda):* para identificar y eliminar desperdicios.

1.3   En el análisis del proceso

- **Diagramas *ishikawa* (espina de pescado):** para identificar relaciones de causa y efecto de problemas relacionados con el desperdicio de energía.
- **Intervalos de confianza:** son una medida de la certidumbre o confiabilidad para aproximarnos a un valor energético esperado. Nos ayudan a conocer la probabilidad de que los límites establecidos por el intervalo incluyan el valor real energético en un grupo de datos.
- **AMEF** (análisis del modo y efecto de fallos): para identificar fallos potenciales en el sistema energético.
- **Pruebas de hipótesis:** para formular hipótesis sobre una prueba de energía para dar un resultado posible. En él se evalúan condiciones actuales o futuras en un sistema.
- **Diseño de experimentos:** para identificar factores y niveles en los que se puede aprovechar mejor la energía y reducir el impacto ambiental.
- **Gráficos de control:** para diferenciar causas comunes de causas especiales de variación en energía.
- **Histogramas:** para representar gráficamente la distribución de las mediciones energéticas alrededor de la media, y para entender el comportamiento de las mismos, su variación y lo cerca o lejos que están de los límites de especificación.
- **Gráficos *multi-vari:*** son gráficos que permiten descomponer las fuentes de variación en el consumo energético para determinar cuáles son los factores que más afectan el resultado.
- **Gráficas de Pareto:** para enfocar las oportunidades analizando el 20 % de los recursos que consumen el 80 % de la energía.
- **Árboles de realidad:** para entender las relaciones causa y efecto de desperdicios energéticos y sus efectos en el costo y el medio ambiente.
- **Análisis de capacidad:** para identificar el nivel de variación de los datos energéticos y el nivel de predictibilidad para lograr los objetivos.
- **Gráficos *box plots* (cajas y bigotes):** es un gráfico en el que se visualizan las distribuciones de un conjunto de datos de energía. En este gráfico se pueden comparar un conjunto de datos energéticos de diferentes muestras o poblaciones, haciendo posible comparar la variación de muestras independientes de datos.

2   Etapa de mejora

El propósito de la etapa de mejora es implementar los cambios que sean necesarios para mejorar el proceso.

- **Actividades a realizar**
  - Determinar las condiciones del proceso mejorado.
  - Calcular los beneficios de las mejoras propuestas en energía e impacto ambiental.
  - Investigar los modos de fallo para las mejoras propuestas.
  - Implementar y verificar las mejoras en el consumo energético y el medio ambiente

3   Herramientas Lean

Veamos ahora cómo las siguientes herramientas Lean Six Sigma ayudan a la mejora de la eficiencia energética:

- Eventos *kaizen* para mejorar los procesos.
- Las 5 S para el orden y la limpieza.
- Gestión visual *(andon)*.
- Mantenimiento productivo total (TPM).
- Manufactura celular.
- Preparaciones rápidas (SMED).
- Sistema *pull (kanban)*.
- Dispositivos a prueba de errores *(poka-yoke)*.

3.1   *Eventos* kaizen *para mejorar el trabajo*

Un evento *kaizen* es una cadena de acciones realizadas por equipos de trabajo cuyo objetivo es mejorar los resultados de los procesos existentes. Mediante estas acciones, los dueños de los procesos y los operadores pueden realizar mejoras significativas en su lugar de trabajo, que se traducirán en beneficios de productividad (y como consecuencia, de rentabilidad) para la actividad de la organización.

Cuando se quiere mejorar el uso y aprovechamiento de la energía, se realizan eventos de mejora *kaizen* reuniendo a un equipo de trabajo multidisciplinario. Durante una semana, aproximadamente, se analizan posibles oportunidades de mejora en un área determinada y se generan ideas de todos los miembros, categorizándolas como mejoras inmediatas, que se deben resolver durante el evento; intermedias, que deben resolverse en las siguientes dos a tres semanas después del evento; y de largo plazo, que se deben resolver entre uno a dos meses de haber terminado el evento *kaizen*.

En los eventos *kaizen* de energía se utilizan equipos como ultrasonido, cámaras termográficas, luxómetros, termómetros, medidores de vibraciones, etc., para identificar las fugas de energía. Además, se realizan cálculos para evaluar las mejoras potenciales que deben resolverse con la aportación de todos los miembros del equipo.

3.2   Orden y limpieza 5 S

Las 5 S constituyen una disciplina para lograr mejoras en la productividad del lugar de trabajo, mediante la estandarización de hábitos de orden y limpieza. Esto se logra implementando cambios en los procesos en cinco etapas, cada una de las cuales servirá de fundamento a la siguiente, para así mantener sus beneficios en el largo plazo.

Se llaman 5 S porque en japonés cada etapa comienza con el sonido «S», pero en español y por simplicidad es más fácil recordarlo con el acrónimo SOLES.

1. Seleccionar consiste en separar los artículos necesarios de los que no los son.
2. Organizar los artículos necesarios asignándoles un lugar específico.
3. Mantener la limpieza continuamente.

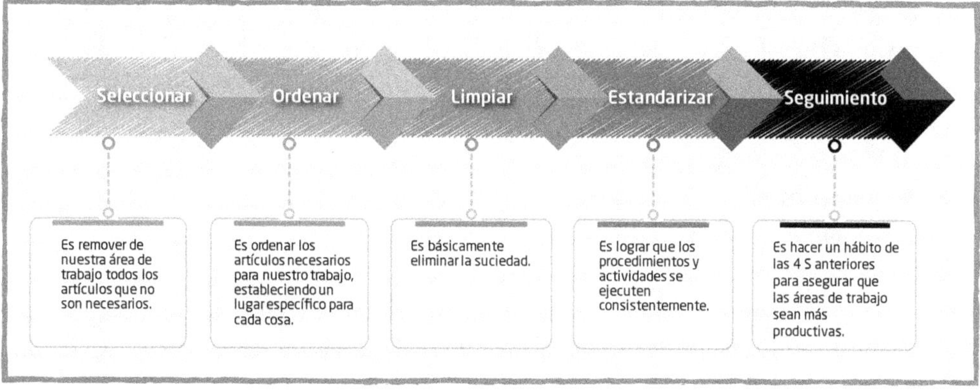

Figura 5.1

4. Definir métodos para evaluar y mantener un estándar de orden y limpieza.
5. Formar hábitos de orden y limpieza.

El objetivo es que cualquier persona sea capaz de encontrar un artículo en menos de treinta segundos, debido a la claridad con que está todo señalizado y el orden y la limpieza que prevalecen en el área de manera permanente. Este proceso suele llevar varios meses, hasta que se forma un hábito.

Algunos factores clave en los que ayuda tener las 5 S son:

- Facilitan el acceso y retorno de artículos y herramientas.
- Reducen el desperdicio.
- Promueven la estandarización de actividades.
- Facilitan la detección de anomalías y problemas.
- Permiten un mayor control del área de trabajo.

En lo referente a su aporte al ahorro de energía, como parte de un proyecto Lean Energy, significa:

- La limpieza continua de los equipos evita el sobrecalentamiento que genera impacto ambiental, y también en algunos casos mayor demanda energética por atoramientos u obstrucciones.

- En el caso de almacenes, las personas pasan menos tiempo buscando productos para la preparación de pedidos, mientras que las máquinas y los equipos de movimiento de materiales recorren menos distancia, se utilizan menos y consumen menos energía (electricidad o combustible). Por estos motivos, la productividad aumenta. En lugar de preparar tres pedidos por hora, se pueden preparar cuatro, y con ello es posible reducir o eliminar la necesidad de trabajar tiempo extra en horario nocturno, por ejemplo, evitando usar electricidad más cara y por más tiempo.

- Mejor aprovechamiento de la luz solar, que como ya se vio, es el mejor tipo de iluminación posible.

- Tener orden y limpieza permite también usar más eficientemente los espacios y liberar metros cuadrados de superficie. Esto, además del ahorro económico por dejar de alquilar espacio, tambien incide en que es menor el área a iluminar o climatizar, con lo que se ahorra también energía y dinero.

MACHINE PROCESS CUM ENERGY CONSUPTION DISPLAY 1					
Production Count		**Production Report**		**Enegy Report**	
		PHASE	R	Y	B
Target	1000	Voltage (Volts)	230	230	230
		Current (Amp)	12	11	13
		Power factor	0.99	0.97	0.89
Actual	346	Freq. (Hz)	48	55	50
		POWER	Shift	Today	Total
		Active (W)	120	1200	11.54K
Difference	23	Reactive (VAR)	120	1200	11.54K
		Apparent (VA)	120	1200	11.54K
10/09/2014 14:12				Sys Setting	

Figura 5.2. Tablero de control visual *(andon)*.

3.3 Gestión visual (andon)

Andon es una señal que incorpora elementos visuales, auditivos y de texto que sirven para notificar problemas de calidad o paros por ciertos motivos. Proporciona información en tiempo real y retroalimentación del estado de un proceso.

Utilizar señales visuales puede ser de utilidad en el ahorro de energía. Algunos ejemplos pueden ser:

- Monitorear en tiempo real el consumo energético puede ser de utilidad para saber el consumo por unidad fabricada, así como identificar algun posible fallo mecánico. Por ejemplo, podría ser el caso de un motor dañado o un rodamiento que debe cambiarse antes de que el equipo sufra una avería mayor que pare todo el proceso, ocasionando paros inesperados que alteren la entrega de los pedidos.

- Utilizar luces de colores para sincronizar los arranques de máquinas también puede ser otro ejemplo de aplicación de ayudas visuales, con el fin de reducir la facturación en concepto de «demanda» en kilovatios.

3.4 Mantenimiento productivo total (TPM)

Tradicionalmente, el departamento de mantenimiento solo se tiene en consideración cuando hay fallos en los equipos productivos y se espera que sean reparados con celeridad. Su función es vista más bien como actividades reactivas y correctivas. Cuando algún equipo falla, ellos tienen que arreglarlo, y pronto.

Además, existe siempre una rivalidad no muy sana entre el área operativa y la de mantenimiento. Cuando algo se avería con frecuencia, el equipo de la operación responsabiliza al de mantenimiento por no haber hecho la reparación correctamente. El equipo de mantenimiento, por su parte, responsabiliza al de la operación por no utilizar los equipos de la manera adecuada. Mientras tanto, la empresa está parada, no está siendo productiva y todos pierden.

El personal que trabaja en las funciones de mantenimiento en las empresas tradicionales, no siempre cuenta con la capacitación adecuada ni los recursos necesarios para desempeñar bien su trabajo, al no ser considerada como un área clave.

Además, cuando se piensa en proyectos de ahorro de energía, la dirección suele delegarlos inmediatamente al equipo de mantenimiento. Mientras, que para este, en su lista de prioridades, tiene muchas funciones más prioritarias antes que pensar en temas de eficiencia energética. En ocasiones ni siquiera cuenta con un conocimiento básico sobre esta materia.

El mantenimiento productivo total (TPM, por sus siglas en inglés) es una herramienta del sistema Lean que plantea un cambio radical en la manera de percibir y realizar las labores de mantenimiento.

Para empezar, pasa de ser un enfoque reactivo, en el que se espera a que algo salga mal para entonces actuar, a uno proactivo, donde el equipo de mantenimiento se anticipa a los fallos. Ahora, más que tener que buscar y reparar los fallos en el menor

Figura 5.3. Los seis pilares del mantenimiento productivo total (TPM).

tiempo posible, el nuevo objetivo es garantizar la continuidad en la operación. Esto se logra poniendo especial énfasis en los seis pilares del TPM.

1) **Mejora continua:** consiste en estar siempre alerta buscando mejores maneras de hacer las cosas. En la esencia el sistema Lean, y para Lean Energy es muy importante.

2) **Mantenimiento autónomo:** este punto representa un cambio muy significativo respecto a la manera tradicional de llevar a cabo tareas de mantenimiento. En este punto, es necesario entrenar al personal en la operación para que conozca aspectos básicos del funcionamiento y la seguridad de las máquinas que operan. Ellos estarán a cargo de realizar actividades muy sencillas y rutinarias de mantenimiento, como limpieza general, lubricación e inspección visual de puntos clave, de acuerdo con un listado que les será proporcionado por el área de mantenimiento. Cuando perciban algún ruido extraño, sobrecalentamiento, vibración o cualquier suceso anormal, deberán avisar de inmediato al equipo de mantenimiento. Este apoyo de la gente de la operación ayudará mucho a evitar paros por fallos.

Registro de mantenimiento autónomo																																Mes

Máquina

		1	2	3	4	5	6	7	8	9	10	11	12	13	14	15	16	17	18	19	20	21	22	23	24	25	26	27	28	29	30	31
Antes																																
1	Revisar nivel de lubricante en guías de mesa																															
2	Revisar nivel de aceite de corte																															
3	Revisar nivel de aceite hidráulico																															
4	Revisar presión de la bomba hidráulica																															
Durante																																
1	Verificar que la rebaba no se atore en extractor																															
2	Identificar ruidos anormales																															
3	Revisar micros de seguridad																															
4	Limpiar piso y líneas de refrigerante																															
5	Mantener limpia el área en general																															
Al finalizar el turno																																
1	Lubricar puntos diarios																															
2	Limpieza de máquina y área de trabajo																															
3	Limpiar acumulamientos de rebaba																															

Supervisó:

Comentarios:

Figura 5.4. Lista de chequeo para el mantenimiento autónomo.

3) **Mantenimiento preventivo:** consiste en tener un calendario impreso a la vista de todos en donde se vea claramente en que fecha se le hará servicio de mantenimiento a que equipo. De esta forma podemos administrar mejor nuestros recursos y tener claridad para poder programar adecuadamente los paros necesarios de manera que no interfiera con la operación.

4) **Mantenimiento de calidad:** así como en la generación de un producto o servicio existen criterios a considerar desde el punto de vista de la calidad, lo mismo ocurre para ejecutar actividades de mantenimiento. Consiste en asegurar que las personas realicen las actividades de mantenimiento de manera efectiva y segura, se les puede apoyar con listas de chequeo, ayudas visuales o *poka yoke* (dispositivos a prueba de fallos).

5) **Capacitación:** se busca que las personas del equipo de mantenimiento estén continuamente aprendiendo y actualizándose. El objetivo es generar un plan anual de capacitación, de manera que cada semana reciban al menos una hora de entrenamiento en temas que sean relevantes para el correcto desempeño de su actividad. Si se sigue este plan de manera sistemática, las personas estarán mejor capacitadas para realizar mejores trabajos.

6) **Seguridad y medio ambiente:** es importante que además que hacer el trabajo correctamente también sea de manera segura, tanto para la persona que realiza el mantenimiento como para la persona que trabajará con ese equipo una vez que este haya terminado. También es clave seguir las normas ambientales vigentes, para reducir el impacto en el medio ambiente. Aquí es en donde Lean Energy tiene más impacto, al hacer posible cuantificar las reducciones en consumo energético, y por lo tanto de emisiones contaminantes, que se obtienen cuando los equipos están trabajando eficientemente.

El mantenimiento productivo total funciona, porque al ser una herramienta de Lean nos impulsa a trabajar en equipo, con metas claras.

En la medida que se trabaja en los seis pilares se observan resultados, especialmente en un indicador clave llamado OEE *(overall equipment effectiveness* o efectividad global de los equipos), el cual mide tres aspectos importantes:

- **Disponibilidad:** es el porcentaje de tiempo que se tiene programado para trabajar, comparado con cuanto tiempo se trabajó realmente, al restarle tiempos muertos como preparaciones, ajustes y reparaciones por averías. Si de diez horas programadas para un turno de trabajo, solo se trabajaron ocho horas, entonces la disponibilidad es del 80 %.

- **Eficiencia** (también llamado desempeño): mide el porcentaje de aprovechamiento del tiempo que realmente se trabajó, y lo productivo que fue el proceso. Si el estándar de producción para ocho horas de trabajo es de 800 piezas, pero en ese tiempo solo se produjeron 600 piezas, entonces la eficiencia fue de un 75 %.

- **Calidad:** especifica qué porcentaje de las piezas producidas cumple con las especificaciones del cliente. Si de las 600 piezas mencionadas, 50 fueron rechazadas por el área de calidad, tenemos que 550 piezas de 600 sí cumplieron con los estándares de calidad esperados. Esto da una calidad del 92 %.

Para obtener el OEE solo hay que multiplicar los valores de:

$$\text{Disponibilidad} \times \text{Eficiencia} \times \text{Calidad} = \text{OEE}.$$

$$0.80 \times 0.75 \times 0.92 = 0.552.$$

Por lo tanto, se tiene un OEE de 55.2 %; lo cual quiere decir que solo el 55.2 % del tiempo se está empleando en producir piezas de buena calidad, de manera eficiente y utilizando adecuadamente el tiempo disponible.

Un OEE de clase mundial es de 85 % (90 % de disponibilidad, 95 % de eficiencia y 99 % de calidad).

La razón por la que se explicó este punto con detalle es porque existe una relación directa entre la eficiencia energética de los procesos y su nivel de OEE:

A mayor OEE, mayor eficiencia energética en los procesos
(o menor consumo de kilovatios-hora por pieza).

Asimismo, los equipos que cuentan con un buen programa de mantenimiento, están en mejores condiciones para trabajar y suelen consumir menos energía que aquellos equipos con un mantenimiento inadecuado.

3.5 Manufactura celular

Es un concepto de fabricación en el que la distribución de la planta se mejora de manera significativa hacienda fluir la producción ininterrumpidamente entre cada operación, reduciendo drásticamente el tiempo de respuesta, maximizando las habilidades del personal y haciendo que cada persona realice varias operaciones.

La manufactura celular consiste en agrupar máquinas y operaciones secuenciales, en las que se pueda fabricar un producto completo de principio a fin, sin recurrir tanto al uso de transportes, eliminando inventarios en proceso y haciendo fluir la producción continuamente.

Las siguientes son algunas de las utilidades que se pueden aplicar a células de manufactura:

- Da continuidad en las operaciones de la planta.
- Elimina inventarios en proceso que tienen un costo económico y generan defectos por manipulación.
- Crea procesos flexibles al producir diversos productos en una sola área.
- Aumenta la flexibilidad y eficiencia de las empresas.
- Permite que los operadores sean más eficientes ya que se puede producir lo mismo con menos personas.
- Los operadores se involucran en más tareas relacionadas con el producto, hasta el punto que a veces un solo trabajador elabora un artículo completo, incrementando así su sentido de pertenencia con ese producto.
- Conecta directamente las operaciones para evitar transportes, demoras, movimientos de materiales, inventarios en proceso y sobreproducción.

Reducir tiempos de espera también ayuda a reducir el consumo de energía en los transportes y en la iluminación del espacio que ocupaban los materiales esperando a ser procesados.

Aumentar la capacidad de cualquier proceso también permite aprovechar mejor la energía por unidad procesada. Esto, aplicado a procesos administrativos, permite un mejor aprovechamiento de la iluminación en espacios de trabajo, ya que las células de trabajo administrativo agrupan a personas que desarrollan procesos en equipo en los que el espacio requerido es menor, mejorando también la comunicación.

3.6 Cambios rápidos (SMED)

Esta herramienta SMED (siglas de *single minute exchange of die*, o cambios de herramientas en un solo dígito de minuto), también conocida como **cambios rápidos,** consiste en reducir el tiempo requerido en hacer los ajustes necesarios para que una máquina pueda pasar de producir el producto A, a iniciar la producción del producto B.

Por ejemplo, una empresa embotelladora de bebidas empleaba más de tres horas en hacer la limpieza, los cambios y los ajustes necesarios para preparar la línea de envasado para pasar de un sabor de bebida a otro. Después de un par de eventos de mejora con SMED y tres meses después, esa empresa estaba realizando los mismos cambios de producto en solo 35 minutos.

No hace falta explicar con detalle por qué estas mejoras son buenas para la actividad de una empresa, ya que permiten aprovechar mejor el tiempo y pasar más tiempo trabajando y menos con los equipos parados sin producir. Además, se acortan los tiempos de respuesta y se reducen los niveles de inventario.

En lo referente a Lean Energy, al contribuir al incremento de la «disponibilidad» en el OEE, también impacta de manera muy positiva en la reducción del consumo de energía por unidad producida. A eso, además, se agrega el hecho de que por haber reducido el tiempo de paro de las máquinas, ahora se puede producir más en menos tiempo y ya no es necesario tener la planta en funcionamiento tantas horas al día, ni trabajar horas extras, en algunos casos con precios más altos de electricidad.

Debido a todos estos beneficios, SMED es una de la herramientas Lean que más aportan a la eficiencia energética con Lean Energy.

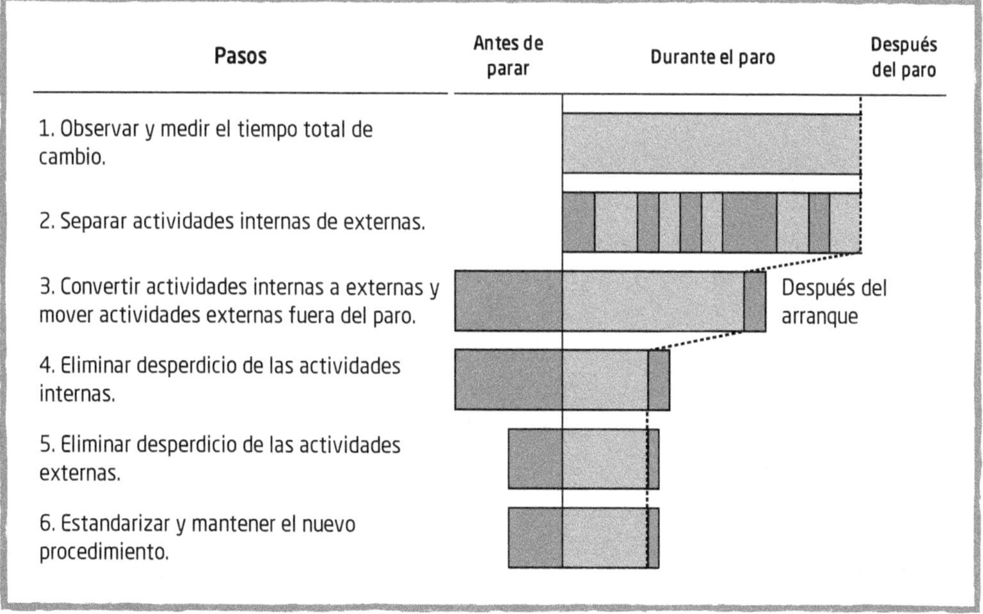

Figura 5.5. Pasos para implementar cambios rápidos.

3.7   *Sistema* pull (kanban)

El sistema jalar o estirar *(pull system)* es un método de comunicación que permite controlar la producción, sincronizar los procesos de manufactura con los requerimientos del cliente, y apoyar fuertemente la programación de la producción

Las siguientes son algunas de las utilidades de implementar *kanban:*

- Evita la sobreproducción.
- Permite trabajar con bajos niveles de existencias.
- Da certidumbre a los clientes de recibir sus productos a tiempo.
- Permite fabricar solo lo que el cliente necesita.
- Es un sistema visual que permite comparar lo que se fabrica con lo que el cliente requiere.
- Elimina las complejidades de la programación de producción.
- Proporciona un sistema común para mover materiales en la planta.

Aplicar *kanban* en sistemas maduros de manufactura ágil, permite una reducción significativa en el consumo energético, ya que elimina gran parte de los transportes innecesarios.

Al reducir el espacio requerido también reduce el consumo energético para iluminación y equipos de almacenaje.

3.8   *Dispositivos a prueba de errores* (poka yoke)

Las personas cometemos errores, es una realidad de la vida. En el trabajo, esos errores terminan convirtiéndose en «defectos» y, en algunas ocasiones, esos defectos pueden ocasionar serios problemas para el cliente o para la empresa.

Durante años se trató de trabajar en modelos y maneras de poder estimar mejor los defectos, y tratar incluso de predecirlos. Sin embargo, el rol del área de calidad en las empresas era muy reactivo, se tenían a equipos de inspectores al final de los procesos buscando «pescar» las piezas defectuosas para evitar que llegaran al cliente, pero de esta manera no se enfrentaba de raíz el problema de calidad, simplemente se estaba administrando.

En el sistema Lean se busca que «calidad» tenga un rol mucho más proactivo, y que la calidad sea incluída en el proceso mismo. De este modo se asegura la calidad en la fuente. Una manera muy efectiva de lograr esto es involucrando al personal de la operación y contar con su apoyo para poder generar *poka yokes* o dispositivos a prueba de errores. Estos dispositivos son de gran utilidad porque evitan en gran

Figura 5.6. *Poka yoke* de posicionamiento.

medida que las personas cometan errores, y que se produzcan defectos. Esto ahorra a la empresa la necesidad de contratar a más personas como inspectores de calidad y reduce la necesidad de retrabajar esas partes, así como toda la logística, captura y manejo de la información que se generaría.

Desde el punto de vista energético, todas esas actividades consumen energía de algún tipo, así que al reducir la cantidad de defectos, se reduce la cantidad de piezas a reprocesar y también se ahorra la energía que sería requerida por esos reprocesos.

En la imagen de la figura 5.5 se presenta un *poka yoke* cuya función es impedir que la persona coloque la tarjeta electrónica de una manera incorrecta, ya que los *pines* delimitan el contorno de la tarjeta y solo es posible colocarla en su lugar si está en la posición correcta.

Después de implementar un *poka yoke,* una empresa fabricante de tarjetas de circuitos electrónicos fue capaz de aumentar un 20 % su calidad, y reducir en ese mismo procentaje sus retrabajos, lo cual tuvo un impacto muy positivo en su eficiencia energética.

Capítulo 6
Introducción a la energía renovable y su aplicación para las empresas

Si la eficiencia energética es todavía una temática poco conocida, las energías renovables o energías limpias lo son todavía más. La generación masiva de este tipo de energías es una actividad relativamente nueva, pero la importancia de los factores ecológicos y ambientales es creciente y muchas empresas deciden invertir en proyectos de energías limpias, con la seguridad de que es la mejor opción para proteger el medio ambiente y, además, ahorrar dinero.

Las fuentes de energía renovable que explicaremos en este capítulo son las siguientes:

- Solar fotovoltaica.
- Solar térmica.
- Eólica.
- Biocombustibles y biomasa.

El enfoque que ofrece Lean Energy es que en lugar de buscar soluciones afuera de la empresa, que contribuyan a tener un mejor desempeño energético, lo que se debe hacer es hacer más eficientes los procesos y los consumos desde adentro de la empresa, de modo que las energías limpias terminan siendo un complemento.

Veamos el ejemplo de una empresa que quiere reducir lo que paga por su consumo eléctrico y lo primero que hace es llamar a una empresa que le ofrece proyectos de energía limpia (solar fotovoltaica, eólica, minihidráulica, etc.). Lo que la empresa proveedora de energía renovable propone es reunir una selección de información de los consumos históricos de la empresa y obtener un promedio. Supongamos que, para simplificar, el promedio de consumo es de 100 000 kWh al mes.

Sobre la base de esta información, la empresa proveedora desarrolla una propuesta para ayudar a la compañía a reducir en un 20 % su consumo, ya que la solución propuesta generará 20 000 kWh al mes, los mismos que la empresa dejará de pagar a la compañía eléctrica.

Obviamente, este proyecto tiene un costo, y cada kilovatio hora generado requiere de equipos o dispositivos que previamente fueron dimensionados, con la lógica de que a mayor consumo mayor capacidad de dispositivos y mayor el costo del proyecto.

Al revisar la factibilidad económica del proyecto, se comenta que la recuperación de la inversión será de aproximadamente nueve años.

Ahora bien, **¿que sería diferente si tenemos el mismo objetivo, pero usamos la metodología Lean Energy?**

En este caso, la empresa misma, que cuenta con personal entrenando en Lean Energy, realiza un prediagnóstico inicial y observa que su consumo promedio anual es de 100 000 kWh al mes.

La empresa pide a su personal evaluar sus procesos y presentar planes de mejora de procesos que contribuyan tanto a mejoras en la operación como a la reducción del consumo energético.

Después de hacer un autodiagnóstico, se detectan oportunidades de ahorro que suponen un 20 % de su consumo (20 000 kWh/mes) con mejoras operativas o, con inversiones con plazos de recuperación de la inversión inferiores a dos años.

Con esto, el consumo promedio total baja de 100 000 a 80 000 kWh/mes.

Para la compañía ya no es imprescindible generar ese 20 % de ahorro con energías limpias, porque ya lo generó de una manera también efectiva, o al menos se acercó bastante. La empresa ahora puede:

a) Decidir ir hacia el proyecto de energía limpia, pero sabiendo que ya llegó a su meta de ahorro, y tal vez no hacer una inversión tan grande, o impulsarlo por motivos ecológicos y de posicionamiento en el mercado.

b) Decidir canalizar esos recursos a otra área del negocio que también los necesitan.

Las energías limpias son una opción muy interesante y sin duda todas las empresas deberían explorar ese camino. Sin embargo, es conveniente que antes de abocarse a ese tipo de soluciones, se examinen primero con calma qué opciones existen con Lean Energy, para mejorar la eficiencia energética con los recursos que ya se tienen.

1   Energía solar fotovoltaica

La energía solar es global, y se pueden identificar en el mundo las áreas con mayor y menor oportunidad de generación energética. Existen sitios de internet en los que puede consultar países y regiones específicas, como en https://globalsolaratlas.info.

La energía solar fotovoltaica (también conocida como energía solar eléctrica), consiste en módulos o paneles solares fabricados principalmente de silicio, que generan electricidad debido a una reacción física conocida como efecto fotovoltaico. Esta electricidad es enviada a un dispositivo llamado inversor, que da a la electricidad las características necesarias para poder ser inyectada a la red eléctrica.

Aunque hay sistemas de energía solar en los que la electricidad generada se guarda en baterías, en la práctica solo se usan para lugares aislados, alejados de la red eléctrica, y acostumbran a ser caros y poco rentables.

La opción que es económicamente atractiva y legal se conoce como «energía solar fotovoltaica interconectada a la red eléctrica». En este caso, la electricidad que genera el sistema se inyecta a la red eléctrica. Al pagar la factura de la electricidad, la compañía eléctrica hace la suma de los kilovatios-hora que consumió el edificio, y le resta los kilovatios-hora que inyectó a la red eléctrica. El resultado es lo que hay que pagar.

Si bien los precios de estos sistemas tienden a bajar progresivamente, conforme se generaliza su uso, el tiempo de recuperación de inversión sigue siendo considerable, al compararlo con otras medidas de ahorro de energía.

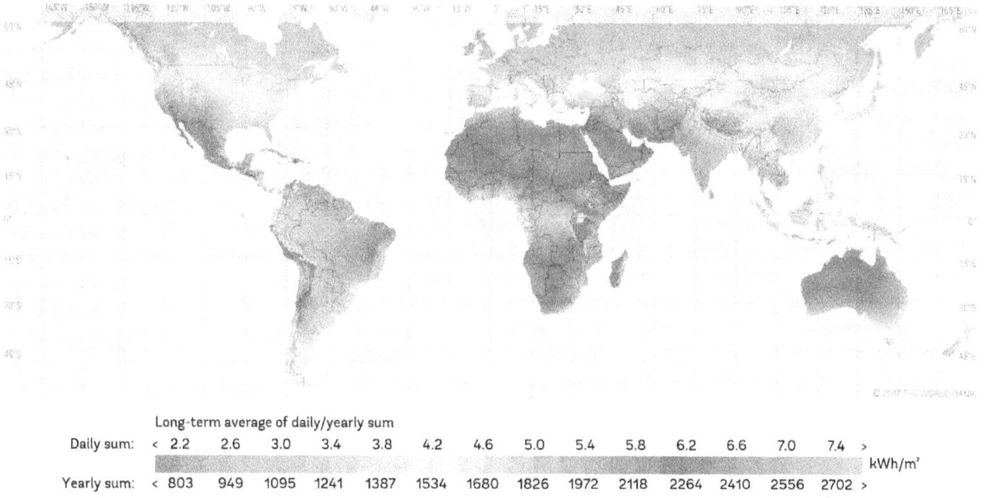

Figura 6.1. Mapa de la radiación solar mundial.

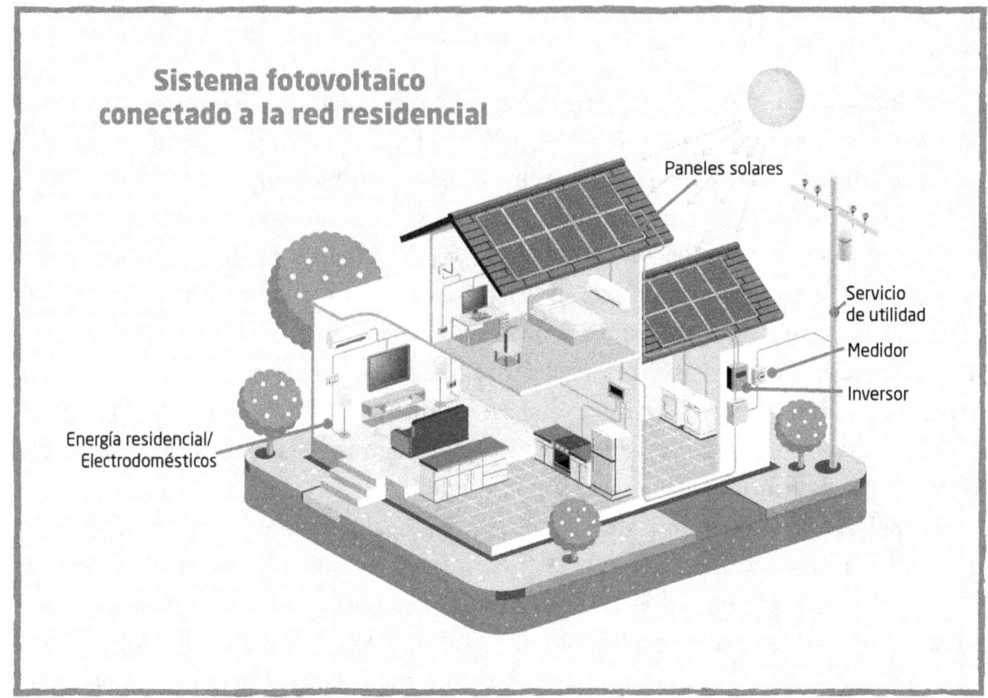

Figura 6.2. Sistema de energía solar fotovoltaica interconectada.

Aunque existen actualmente incentivos fiscales en algunos países para este tipo de proyectos, los tiempos de recuperación de inversión de entre seis y diez años siguen siendo muy comunes.

Existen también esquemas de financiación que pueden hacer más asequible este tipo de soluciones, pero son posibilidades que ha de decidir cada empresa, dependiendo de sus necesidades.

De cualquier manera, si la empresa dispone de los recursos y quiere invertir en un sistema de energía solar fotovoltaica, es una muy buena decisión y es muy deseable que cada vez más empresas elijan este camino.

2   Energía solar térmica

A diferencia de la energía solar fotovoltaica, la energía solar térmica se utiliza para calentar fluidos, principalmente agua, y recupera su inversión en mucho menos tiempo. Su funcionamiento es más sencillo, haciendo que su aplicación sea más económica, con retornos de la inversión de entre 18 meses y cuatro años.

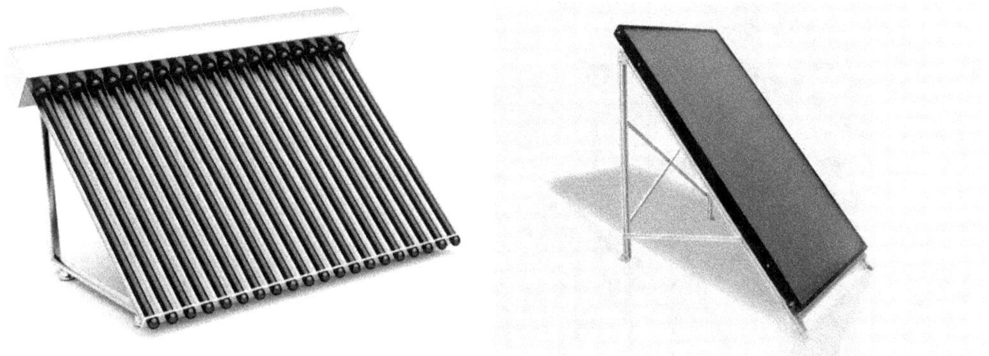

Figura 6.3. Colectores solares térmicos de tubos al vacío (izquierda) y planos (derecha).

Los sistemas de energía solar térmica son físicamente muy distintos de los de energía fotovoltaica. Los de esta última contienen en su interior circuitos eléctricos para que fluya la electricidad, mientas que los de energía térmica son huecos, dejando espacio para que circule el agua y aprovechando los materiales de la superficie, que pueden ser cobre o tubos de cristal al vacío, solo para transferir calor al agua.

En el caso de la energía solar térmica, el recurso energético que se busca reemplazar no suele ser electricidad, como en la energía solar fotovoltaica, sino gas (puede ser LP o natural). En algunas ciudades y regiones ya es incluso un requisito indispensable, principalmente para grandes consumidores de agua como fábricas, hoteles, clubes deportivos o gimnasios, que cierto porcentaje de la energía usada para calentar el agua, provenga de calentadores solares.

Esta alternativa es altamente recomendable, ya que el material con el que están fabricados los depósitos para el agua caliente tienen muy buenas propiedades aislantes térmicas. Esto permite que el agua permanezca caliente por hasta dos o tres días, en caso de días nublados, a temperaturas superiores a los 60 ºC (en una ducha caliente, el agua sale a 40 ºC).

Para empresas que necesitan vapor para procesos industriales, sobre todo para empresas del sector alimentario, existe la opción de energía termosolar concentrada. Esta tecnología se generó en la década de 2010, pero cada vez ha ganado más terreno en el ámbito de las energías limpias.

Los colectores parabólicos concentrados constan de un espejo curvo, un sistema de seguimiento que cambia la inclinación del espejo de acuerdo a la hora del día, con el fin de tener siempre de frente al sol, y un colector o una tubería suspendida en el centro, dentro de la cual circula algún fluido, normalmente agua. Esta agua es después calentada a temperaturas muy altas, que pueden llegar incluso a ser mayores

Figura 6.4. Colector parabólico concentrado.

a 400 ºC. Esto genera vapor supercalentado que puede ser empleado para procesos industriales, en lugar de las calderas y sin gasto en combustible. En muchos países existen también interesantes planes de financiación para este tipo de proyectos, hacíendolos económicamente muy atractivos.

3   Energía eólica (viento)

En cada país existe un mapa de recursos eólicos para determinar el potencial de generación de este tipo de energía, y algunos países son especialmente idóneos para su aprovechamiento.

Se puede consultar la información específica por país y región del mapa eólico mundial visitando la web https://globalwindatlas.info, en donde se encontrará información detallada del potencial de energías renovables.

En la energía eólica la velocidad del viento se mide en metros por segundo (m/s). Lo mínimo necesario para que un parque eólico empiece a producir, son 4 m/s.

Es por esto que instalar aerogeneradores de cualquier tipo (incluso de los pequeños para uso doméstico) en lugares con poco viento, es una terrible idea, ya que nunca se recuperará la inversión.

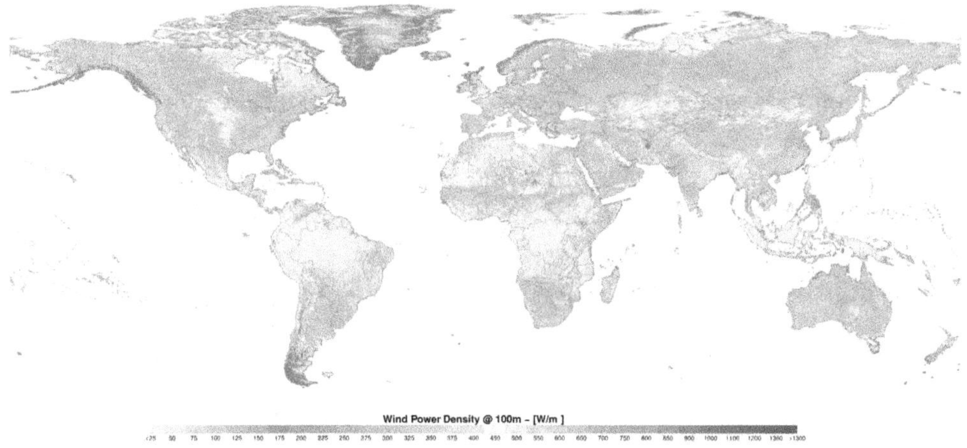

Figura 6.5. Atlas eólico mundial.

Además, a diferencia de la energía solar, tanto fotovoltaica como térmica, en donde disponer de un sistema propio no es tan costoso, un aerogenerador promedio de unos 80 metros altura y 2 MW de capacidad ronda los dos millones de dólares. Para tener un parque eólico que pueda rentabilizarse, se necesitan al menos diez aerogeneradores, con una inversión de veinte millones de dólares, aproximadamente.

Estos volúmenes de inversión solo pueden ser rentables para empresas con muy altos consumos, como fundidoras de acero y otras con procesos energéticamente intensivos.

Por otro lado, existen proyectos empresariales que desarrollan y comecializan proyectos de energía eólica, fundamentados en inversiones privadas o públicas, que ofrecer a empresas el «comprar» una parte de la producción del parque eólico, consiguiendo que puedan satisfacer sus requerimientos de energía eléctrica a precios muy competitivos, firmando un contrato a un plazo determinado por la comercializadora.

Con esta opción de comprar energía limpia la empresa contratante recibe reconocimientos de la Administración, como los certificados de energía limpia (CEL), en México, que cada vez toman más fuerza. Es previsible que a corto plazo se exija a las empresas que un porcentaje de la electricidad que consuman provenga de fuentes limpias y renovables.

4 Biocombustibles y biomasa

Se trata de combustibles que tienen aplicación en el ámbito del transporte. Muchas empresas deciden mezclar etanol (combustible basado en alcohol proveniente de la caña de azúcar, maíz y otros cultivos) con gasolina. Una mezcla de 90 % de gasolina y 10 % de etanol puede usarse con buenos resultados en motores de gasolina convencionales. Si se quiere utilizar una mayor concentración de etanol, existen vehículos con motores *flex fuel,* capaces de soportar un mayor porcentaje de etanol.

Algunas de las principales ventajas es que el etanol es más barato que la gasolina, además de que contamina mucho menos y puede ser producido localmente. Actualmente existen diversas empresas de ámbito internacional que producen y comercializan etanol para su uso en automóviles.

Para el caso de la biomasa, las principales empresas beneficiadas son aquellas relacionadas con el ramo de la agricultura, que pueden disponer de grandes cantidades de residuos de los procesos agrícolas. Para fines energéticos, estos residuos pueden ser valorizados energéticamente o aprovechados a manera de calor en el proceso de generación de energía.

Cada vez más empresas del ramo de la alimentación que necesitan vapor para su procesos, deciden hacer adecuaciones a sus calderas (trabajando de cerca con las proveedoras de sus equipos, o empresas especializadas en estas modificaciones), para poder también utilizar algunos de sus residuos agrícolas; analizando el tipo de residuo, su composición y porcentaje de humedad para decidir si es un buen candidato. Los residuos agrícolas son utilizados con éxito por empresas que de esta forma reducen sus gastos en energía y aprovechan mejor sus recursos.

Capítulo 7

Industria 4.0 aplicada al ahorro energético y el desarrollo sostenible

En la fase de análisis y mejora de Lean Energy es muy importante considerar la integración de la tecnología en la gestión energética, considerada desde una perspectiva de respeto y conservación del medio ambiente.

La cuarta revolución industrial, también conocida como industria 4.0, es el resultado de la evolución de los sistemas de trabajo que a lo largo de la historia han cambiado radicalmente la manera en que la sociedad vive y se desarrolla. Conocer sus elementos, ventajas y desventajas es muy importante porque estamos diseñando los trabajos del futuro y la manera en la que los seres humanos nos comunicamos, vivimos e interactuamos con los recursos naturales.

La primera revolución vino con el desarrollo de la máquina de vapor, ideada por James Watt, que impactó en la industria y el transporte de manera significativa, cambiando para siempre la economía mundial.

La segunda revolución industrial se inició a mediados del siglo XIX, motivada por los avances en el uso de la energía eléctrica aplicada a la industria y al transporte. También el desarrollo del sistema de producción en masa, ideado por Henry Ford, dio un giro económico mundial al hacer posible la fabricación masiva a bajo costo y, por lo tanto, con productos accesibles a grandes colectivos de personas en el mundo.

La tercera revolución se inició con el desarrollo de la informática, al desarrollar microprocesadores, computadores, internet y las telecomunicaciones, lo cual permitió avances significativos en la industria, el transporte y la manera de interactuar entre las personas como nunca antes se había visto.

Ahora estamos iniciando la cuarta revolución industrial, motivada principalmente por avances de la tecnología principalmente en los países más industrializados, lo cual permite automatizar muchas funciones que anteriormente hacían las personas.

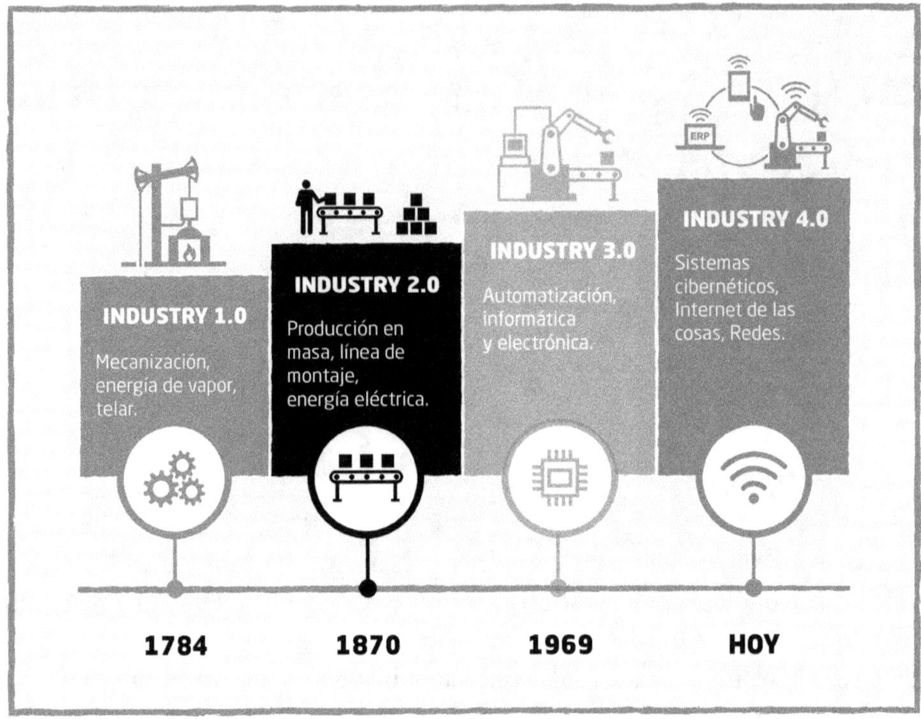

Figura 7.1. De la primera a la cuarta revolución industrial.

Esta etapa se caracteriza por el uso de sensores interconectados en equipos de uso industrial y doméstico para guardar y analizar datos, que son analizados automáticamente utilizando otras grandes cantidades de datos que se actualizan en tiempo real, y que por medio de inteligencia artificial toman decisiones similares o mejores que las de los humanos.

En esta cuarta revolución se estima que más del 60 % de los trabajos en el mundo todavía no se han diseñado. Así que existe una gran responsabilidad de quienes toman decisiones sobre el diseño de un mundo donde la calidad de vida se incremente, al mismo tiempo que se cuida a la naturaleza.

1   Robótica y automatización

El ahorro de energía a través de la automatización de edificios es una realidad, considerando los crecientes costos de la energía, además del impacto sobre el medio ambiente.

Figura 7.2. Automatización para simplificar labores.

La robotización y la automatización de los procesos es un elemento clave de la cuarta revolución industrial, ya que permite desarrollar tareas repetitivas con mayor seguridad, eficiencia y calidad. Es importante considerar robotizar y automatizar operaciones que son un cuello de botella, áreas de alto riesgo o de consumo energético alto.

Una buena forma de ahorrar energía y cuidar el medio ambiente es la incorporación de sistemas de automatización de edificios, también llamada *building automation systems* (BAS). Los beneficios de implementar estas tecnologías son los siguientes:

- **Continuidad en la operación,** al instalar controladores que permiten compartir información entre sí, y que permiten dar continuidad en caso de fallos.
- **Ahorro de energía,** al mejorar la gestión de la energía utilizando sistemas inteligentes de aire acondicionado y calefacción que mantienen las condiciones óptimas de temperatura y humedad, aún cuando la demanda sea muy variable, ya que los sistemas aprenden de las demandas y necesidades de climatización.
- **Ahorro de mano de obra,** ya que no se necesitan tantas personas para la operación y el mantenimiento.
- **Mayor seguridad** al integrar sistemas de vigilancia remota y control de accesos.

Al integrar sistemas inteligentes de control de iluminación y climatización, se aumenta la seguridad y confiabilidad, se reducen costos y se evitan emisiones de CO_2 al medio ambiente.

Actualmente, empresas desarrolladoras y fabricantes de robots industriales estudian las secuencias de movimientos de los robots industriales. Han detectado patrones de aceleración y paros repentinos, que al ser suavizados con mejores algoritmos en la programación informática, pueden reducir el consumo de energía a la mitad. Esto ya ha sido estudiado en pruebas por empresas como Siemens, en colaboración con Volkswagen y el Instituto Fraunhofer, en Alemania.

Tener robots, máquinas, o equipos de soporte que notifiquen las incidencias al personal técnico será una realidad. Un robot enviará un correo electrónico avisando que necesita mantenimiento, o una línea de ensamblaje dará aviso que la eficiencia energética por pieza o el consumo de combustible están por encima del límite establecido. Esto permitirá poder tomar decisiones acertadas y oportunas.

2   Simulación

Los simuladores de consumo eléctrico industrial y doméstico son una alternativa muy efectiva para lograr unos ahorros energéticos importantes, dado es en donde se consume más energía eléctrica y contribuyen de manera significativa a que se genere una gran cantidad de CO_2.

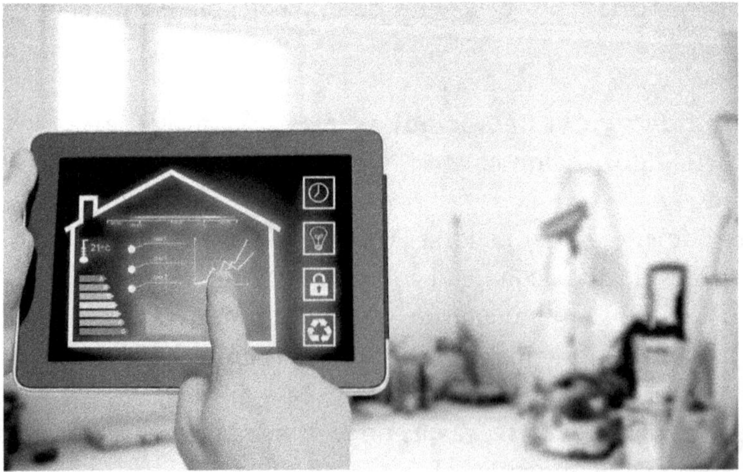

Figura 7.3. La simulación ahorra tiempo, dinero y energía.

Los simuladores son herramientas que permiten conocer cuánta energía consumen todos los equipos necesarios para configurar un proceso o las necesidades domésticas de cualquier instalación eléctrica, simular el uso de la energía en tiempo real y diseñar el mejor uso de los recursos.

Existen programas de simulación de procesos que permiten hacer pruebas con maquinaria y equipo que todavía no se han adquirido, y conocer con antelación cuál sería el consumo energético de un proceso al disponer de nueva tecnología, y hacer comparaciones para poder tomar la mejor decisión considerando aspectos operativos, energéticos y ambientales.

Schneider Electric ofrece sistemas de simulación para iluminación, calefacción y aire acondicionado que permiten identificar las cargas de iluminación y enfriamiento, y utilizar un modelador de energía para incorporar el diseño de los sistemas energéticos.

Los simuladores de energía para edificios son útiles para asegurar que los materiales que se empleen para un nuevo edificio, o la remodelación de uno existente, sean aquellos que minimicen el uso de aire acondicionado en verano y de calefacción en invierno. Todo ello antes de tener que invertir.

Este principio también es aplicable antes de la instalación de equipos de energías renovables. Es posible conocer estimaciones precisas de la generación energética que será necesaria, principalmente para energía solar y eólica.

3   Integración de sistemas

Existe una gran cantidad de datos concentrada en sistemas informáticos aislados. El reto es integrarlos en un solo sistema que permita hacerlos interactuar y generar información valiosa para la toma de decisiones. Los sistemas integradores permiten interrelacionar las bases de datos aisladas para utilizarlos en aplicaciones útiles.

Es posible extraer información de los consumos energéticos de diferentes fuentes, y cada vez más equipos de producción generan y registran información sobre su operación. Por su parte, otros sistemas registran la cantidad de productos o los servicios efectuados en el día.

En otra base de datos se llevan los registros de mantenimiento, y por otro lado se lleva también el registro de asistencia del personal por áreas. El tener toda esta información en un sistema integrado simplifica en gran medida su manejo posterior, los análisis y la toma de decisiones.

Con la integración de sistemas podemos relacionar datos que fueron capturados por sensores de temperatura, consumo de energía, etc. Para integrarlos en bases de

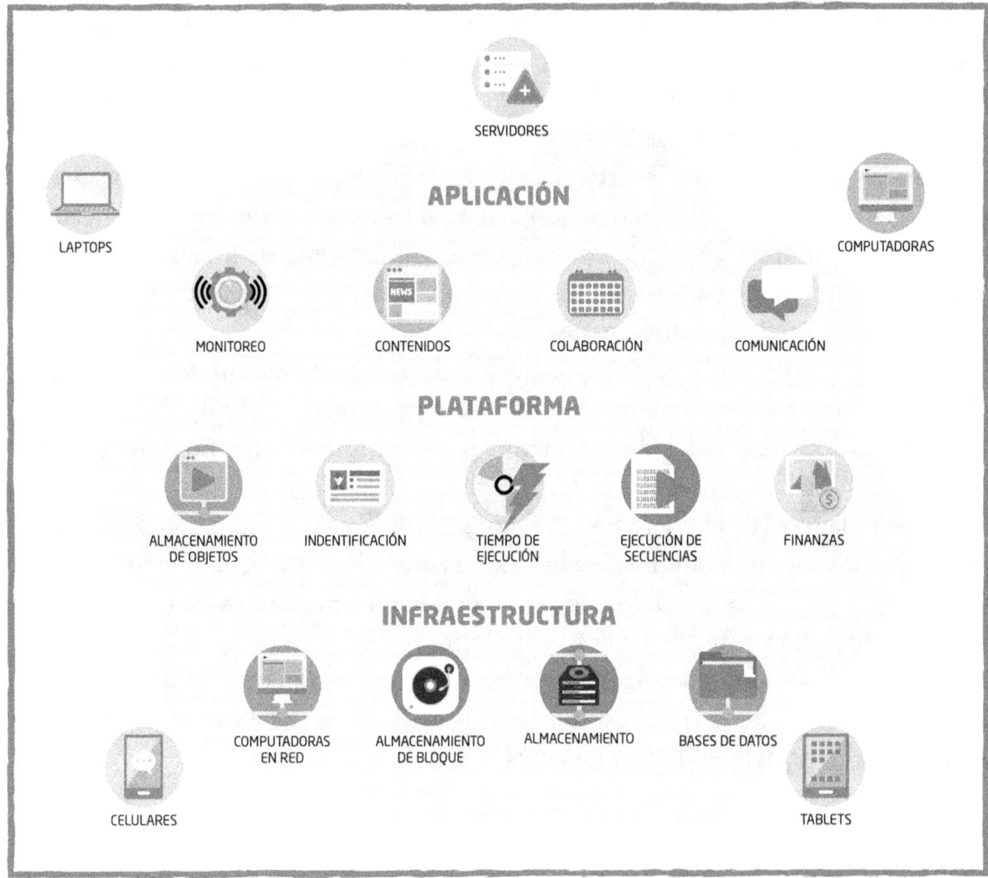

Figura 7.4. Diferentes dispositivos, aplicaciones y sistemas, todos interconectados.

datos de producción o servicios, relacionarlos y obtener datos combinados como el consumo de energía por persona, por estación, por pieza o por hora, y relacionar todo ello con aspectos prácticos de productividad, eficiencia energética y su costo.

4   Internet de las cosas

Son sistemas de dispositivos interconectados digitalmente para captar información, procesarla y utilizarla para entender comportamientos, medir información relevante, y tomar decisiones basadas en el aprendizaje.

Los desarrollos urbano e industrial generan inquietud a causa del consumo energético y el alto impacto que tienen sobre el medio ambiente. Se calcula que la

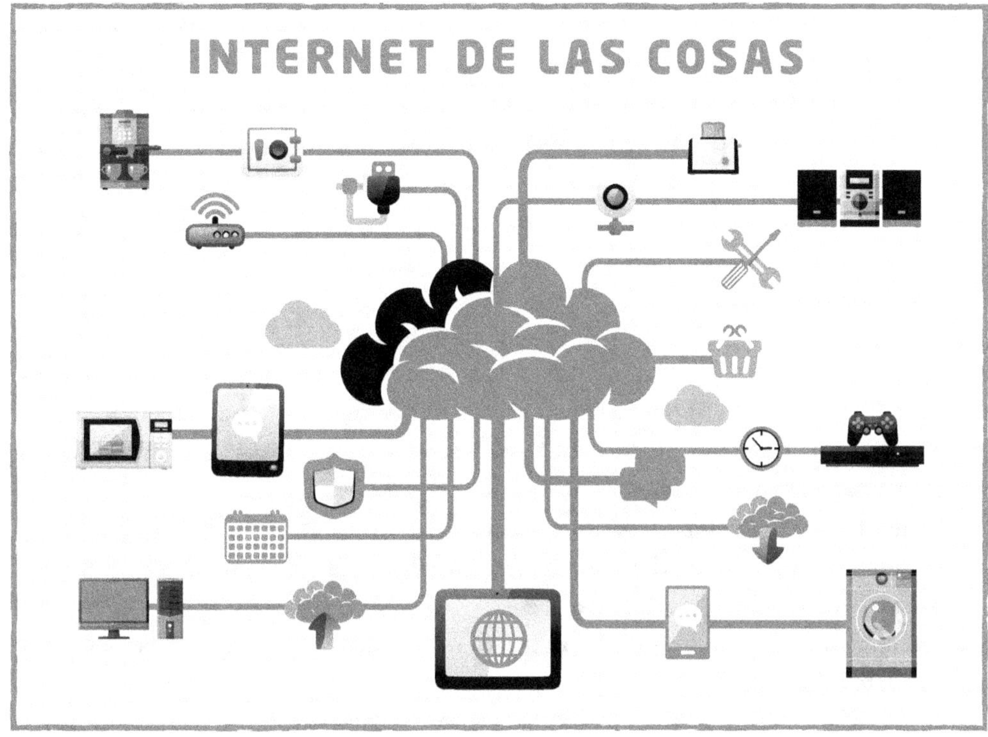

Figura 7.5. Internet de la cosas.

demanda de energía aumentará en un 37 % para el año 2040, según datos de la Agencia Internacional de la Energía.

Con el desarrollo de tecnologías para obtener datos, compartirlos en internet y procesarlos a través del internet de las cosas, es posible optimizar y diagnosticar fallos en los sistemas de generación, transmisión y consumo de energía.

Los medidores inteligentes son un producto muy utilizado por organismos públicos, empresas y hogares, los cuales se conectan a redes inteligentes que ayudan a gestionar de manera óptima el flujo de energía.

Los beneficios son enormes, ya que se han comprobado ahorros de alrededor del 50 % en aplicaciones como climatización, iluminación y manejo eficiente de motores. Esto acompañado de buenas prácticas que se explican también en este libro.

Internet de las cosas facilita predecir problemas antes de que sucedan, ya que los sistemas de sensores, equipos y datos en la nube permiten procesar gran cantidad de información y transformarla en un sistema de toma de decisiones, que aprende manera continua y que en cierto momento comienza a proponerlas con el apoyo de sistemas de datos masivos e inteligencia artificial.

Gracias a los mecanismos interconectados, como los medidores de energía, se podrán conocer los consumos energéticos de manera precisa, y las empresas proveedoras de energía podrán tomar mejor las decisiones para un mejor uso de la energía.

5   Ciberseguridad

El sector energético está inmerso en una gran transformación digital motivada por el manejo de información en internet. En este marco existe preocupación por la seguridad con la que se protege toda la valiosa información que se genera y sobre la que es vital garantizar su protección.

Los delitos en los sistemas de información tienen una tendencia creciente en lo que respecta al sector energético, que reciben alrededor del 30 % de los ciberataques.

Empresas dedicadas a la seguridad de los datos y las transacciones en internet trabajan intensamente para reducir la brecha al mínimo, sin embargo, todavía existen grandes retos por resolver.

El sector energético es uno de los más importantes, dado que una gran cantidad de necesidades en la industria, la Administración y los servicios, depende de una red energética interconectada por medio de sistemas informáticos. Al tratarse

Figura 7.6. Ciberseguridad.

de un servicio de alto impacto para la productividad internacional, también es uno de los sistemas que recibe más ataques de los *hackers* y delincuentes en el ámbito mundial.

Es muy importante que los sistemas que permiten la distribución de la energía, así como la información que esta genera, estén protegidos con cortafuegos digitales, con el fin de evitar ataques cibernéticos que son cada vez más frecuentes y pueden vulnerar severamente la operativa de las empresas.

6 Computación en la nube

Migrar la computación a la nube ahorra energía y es una de las mejores opciones para conservar el medio ambiente. Gran cantidad de datos y sistemas se están migrando a la nube.

Tradicionalmente, las empresas disponían de sus propios servidores y centros de datos en sus instalaciones. Al tercerizar estos servicios con empresas especializadas, las empresas ahorran energía eléctrica al dejar de utilizarla para mantener los equipos funcionando 24 horas durante todos los días de la semana, y también se ahorra en climatización para los espacios en donde se almacenaban los servidores. En muchos casos, estos equipos necesitaban climatización con condiciones especiales debido al calor que generaban.

Las empresas que ofrecen estos servicios se preocupan por disponer siempre de la tecnología más avanzada y eficiente, además de generar continuamente proyectos para hacer más «verde» su operación. Google, por ejemplo, posee el record mundial por la instalación de energía solar fotovoltaica corporativa más grande del mundo en su campus en Mountain View, en California (EEUU).

Estos servicios reducen considerablemente la huella de carbono generada por los sistemas informáticos y evita que los usuarios se ocupen de administrarlos. Al mismo tiempo conservan niveles altísimos de seguridad y privacidad en la información, mayores que los niveles de seguridad que la mayoría de las empresas tendrían para sus servidores.

7 Manufactura aditiva

La fabricación aditiva, también conocida como impresión en tres dimensiones (3D) consiste en una tecnología que permite agregar o unir materiales en capas fundiendo el material, generalmente utilizando tecnología láser.

Esto ayudará a que las empresas puedan producir localmente piezas para automóviles, reparaciones de maquinaria, etc. Todo lo que se necesita son los planos, que se podrán comprar a las propias empresas fabricantes, respetando los aspectos legales de patentes y derechos de autoría.

Según el Departamento de Energía de Estados Unidos, la impresión en 3D podría reducir en un 50 % el consumo de recursos energéticos y las emisiones de CO_2 en el sector de la manufactura. Esto debido a varios factores:

- No requiere hacer moldes, que se suelen hacer con hierro fundido (lo cuál consume enormes cantidades de energía).
- Al producir las piezas localmente, se genera un gran ahorro en combustibles para el transporte de productos.
- Se reduce también considerablemente la energía y los costos asociados a la logística y el manejo de productos y centros de distribución, cargas, descargas, etc.

La manufactura aditiva tomará cada vez más fuerza en nuestra vida diaria y en la industria, para convertirse en un gran aliado de la productividad y la eficiencia energética.

Según el profesor de aeronáutica del Massachusetts Institute of Technology (MIT), Mark Drela, gracias a la manufactura aditiva, los aviones podrían requerir fabricar motores con menos piezas, lo cual también requeriría menos trabajo de ensamblaje y también se reducirían los costos en su fabricación.

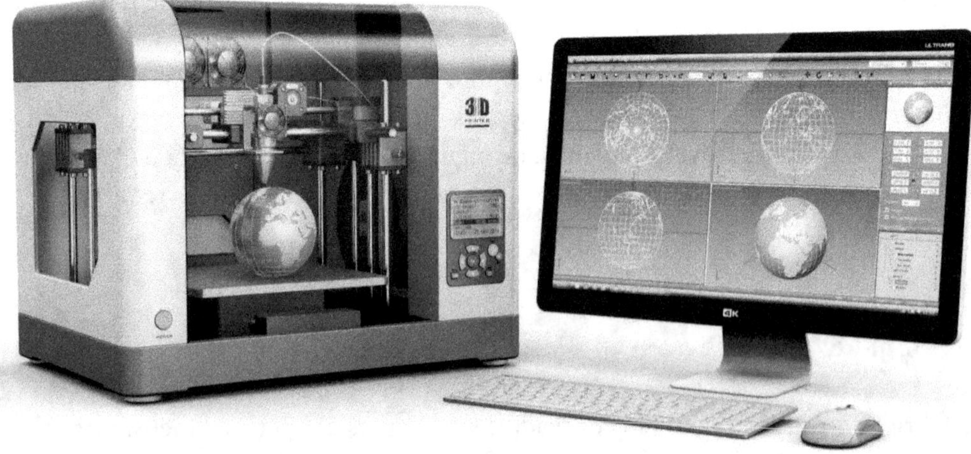

Figura 7.7. Impresora en 3D.

Uno de los beneficios clave en esta propuesta es que se podría reducir el consumo de combustible en alrededor del 20 %, ya que disminuiría el peso del avion y con ello también las emisiones de CO_2.

8   Realidad aumentada

La realidad virtual y la realidad aumentada son tecnologías que están revolucionando el diseño de edificios comerciales, industriales y domésticos, ya que permite conocer y simular cualquier espacio antes de que se construya.

Son tecnologías que combinan imágenes reales y virtuales de manera interactiva y en tiempo real, para que las personas puedan crear un entorno de acuerdo a sus necesidades y probar formas diversas de hacer las cosas antes de invertir, porque prácticamente se vive la experiencia dentro de un mundo virtual.

Podemos visualizar la circulación de personas, objetos, materiales o energía para optimizar sistemas, espacios y elementos que se deben incluir al diseñarlos.

Proyectos de energía renovable complejos o proyectos industriales que requieren de la instalación de maquinaria especial, pueden ser presentados para que las personas responsables los vean con un visor de realidad virtual y entienda mejor las impliaciones de espacio o el funcionamiento de lo equipos, antes de que sean adquiridos e instalados.

Figura 7.8. Realidad aumentada.

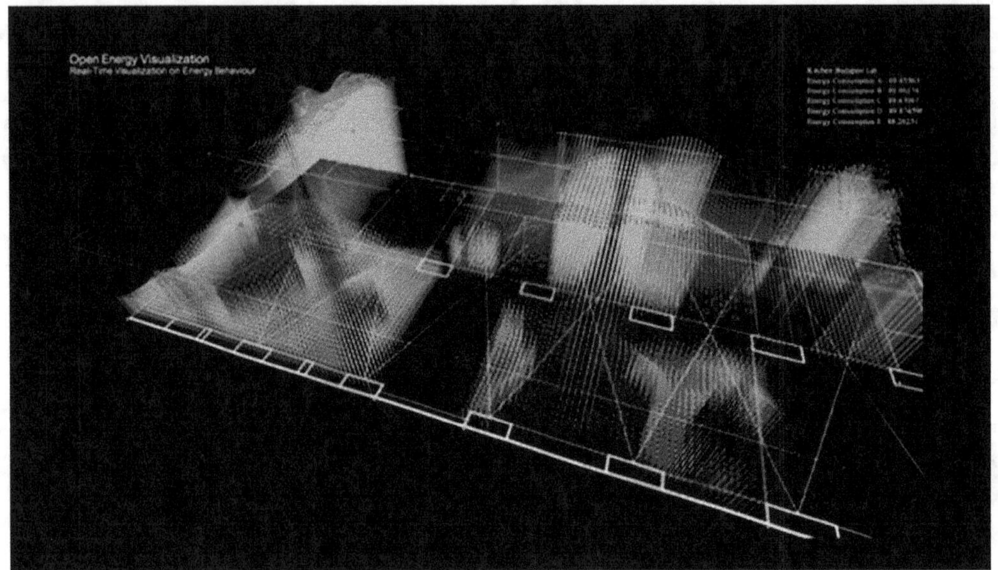

Figura 7.9. Aplicaciones en desarrollos energéticos.

Existe un proyecto llamado Open Energy a través del cual se puede visualizar y controlar el consumo energético en aplicaciones industriales y domésticas. Su autor, Fran Castillo, propone que este sistema se emplee para obtener datos del consumo en tiempo real y que una interfaz visual permita comprender de manera gráfica el consumo energético, para que se puedan tomar decisiones de cómo reducir el consumo de energía requerida.

La idea es que Open Energy sea un entorno de visualización para que cualquier persona se convierta en un nodo generador y distribuidor de energías renovables, y que en tiempo real se puedan ajustar los patrones de conducta para reducir el consumo, dado que existirá más conciencia de qué volumen y en dónde utilizamos energía, y ya que también es posible visualizar el costo de la misma.

8.1   *Datos masivos, el* big data

Grandes cantidades de información están siendo concentradas todos los días por medio de los sistemas de información en la nube y enormes sistemas de almacenamiento de datos.

Los macrodatos o datos masivos puede ser la clave para ahorrar energía en el comercio, el transporte, la industria y el hogar, ya que el procesamiento masivo de datos ofrece la oportunidad de ser más eficientes.

Algunos ejemplos de aplicaciones prácticas pueden ser: datos extraídos de sensores de iluminación, de presencia, sensores de encendido, temperatura, productividad y calidad en equipos clave, así como mediciones de temperatura ambiental, pueden ser procesados para encontrar patrones que generen pistas para administrar la operación de maneras más eficientes energéticamente.

Para la Administración, las empresas y los hogares, la gestión inteligente de la energía puede adaptar la demanda al estado cambiante del entorno, como por ejemplo el suministro regulado por la hora del día, según los requerimientos de iluminación, climatización, etc., y también a la época del año o a la demanda de productos o servicios.

Los algoritmos de los datos masivos y la inteligencia artificial clasifican los datos creados por medidores inteligentes y evalúan los factores externos para cambiar automáticamente el suministro energético.

Estas aplicaciones de los datos masivos aplicados a la eficiencia energética permiten ahorrar grandes cantidades en infraestructura y también en el consumo, evitando pérdidas de energía que impactan también en gran medida sobre el medio ambiente.

Capítulo 8
Control

En los capítulos anteriores se trataron las etapas previas del proyecto **DMAIC** (siglas, en inglés, de **definir, medir, analizar,** y **mejorar).**

Queda pendiente la etapa de **controlar.** Esta es la más importante, porque es la que garantiza que las mejoras y los resultados se mantengan a lo largo del tiempo.

En la fase de control presentaremos las siguientes herramientas:

- **Cuadro de mando o *box score*,** para el seguimiento continuo de resultados y la toma de decisiones.
- **Trabajo estandarizado,** para establecer rutinas de mantenimiento.
- **Caminatas *gemba*,** para evaluar continuamente el aprovechamiento energético.
- ***Katas*,** para retar al sistema continuamente y lograr continuidad en el propósito.

1 Cuadro de mando o *box score.* Diseño de sistemas de control

Ya revisamos anteriormente la importancia de disponer de indicadores de desempeño y cómo revisarlos semanalmente en el cuadro de mando. Sin embargo, hay un aspecto que todavía queda pendiente y que es vital para mantener a los indicadores bajo control, y en el caso de que alguno no cumpla con el objetivo, ser capaces de generar un plan estructurado casi de inmediato.

Esto se logra con una herramienta llamada los cuatro cuadrantes, o simplemente 4Q. Esta herramienta surge de la necesidad de las empresas que llevar un control

BOX SCORE	Objetivo	1 13-may	2 20-may	3 27-may	4 03-jun	5 10-jun	6 17-jun	7 24-jun	8 01-jul	9 08-jul	10 15-jul
Unidades por persona	21	14	16	18	20	19	23				
Entregas a Tiempo	100%	100%	100%	100%	100%	100%	100%				
Tiempo de Entrega (días)	4	3	4	1	3	4	5				
Días de Puerta a Puerta	3	6	12	23	14	9	7				
Calidad a la primera	95%	80%	80%	80%	85%	85%	85%				
kWh/ pieza	42	41.00	43.00	41.00	43.00	47.00	43.00				
Costos de Calidad	$ 1,000	$ 2,345	$ 3,112	$ 645	$ 345	$ 1,245	$ 3,124				
Costo Promedio de Producto	$ 350	$ 343	$ 337	$ 362	$ 338	$ 337	$ 325				
Valor del Inventario	$ 545,000	$ 3,004,234	$ 2,334,756	$ 2,945,893	$ 2,564,392	$ 1,945,678	$ 1,234,975				
Vueltas de Inventario	12	4.50	4.00	6.70	7.10	8.30	9.00				
Costos de Mantenimiento	$ 1,000	$ 2,820	$ 645	$ 2,323	$ 976	$ 1,733	$ 756				
Evaluación 5Ss	95%	95%	98%	100%	89%	93%	94%				
OEE	85%	70%	73%	75%	79%	81%	81%				

Tabla 8.1. Cuadro de resultados *(box score)* para revisar indicadores semanales (incluyendo energía) y tomar decisiones.

documentado de las acciones planificadas y ejecutadas para reparar procesos y llevarlos a los más altos niveles de desempeño.

Algo que sucede en las empresas tradicionales cuando tienen sus reuniones de revisión de resultados, es que estos encuentros son larguísimos. Son reuniones que pueden durar varias horas y las personas que participan en ellas suele salir más confundidas de lo que entraron. No hay un orden o un plan, y la mayor parte entra a informar y a presentar problemas, pero sin proponer soluciones.

Una reunión que dura más de una hora es poco efectiva. A las reuniones hay que llegar para tomar decisiones, no para recibir información. La información debe de compartirse antes por medio de control visual.

En las reuniones de *box score* se analizan los indicadores clave semanalmente. Cada indicador está dentro de unas casillas que pueden ser **verde,** si se cumplió el objetivo, o **rojo,** si no se cumplió. Las casillas en verde no se revisan, ya que no hay nada que corregir ahí. En las **rojas,** sin embargo, se espera que la persona referente de ese indicador informe sobre por qué está en rojo, qué fue lo que pasó, qué análisis hizo y qué decisiones tomó, y en si hay algo con lo que el equipo directivo le pueda ayudar.

Cada uno de los indicadores debe de tener un enlace al siguiente recuadro, llamado los cuatro cuadrantes, en los que se muestran los siguientes elementos:

1) **Gráfica de tendencia:** en este apartado se muestran los valores del indicador bajo estudio de las últimas semanas, para ver qué tendencia sigue dicho indicador. Los puntos sobre la línea azul representan los valores del indicador en cada semana. La línea verde representa el objetivo, en este caso 7 kWh/ton. La flecha verde apuntando hacia abajo, a la izquierda de la gráfica, indica la dirección de la mejora. En este caso, menor es mejor.

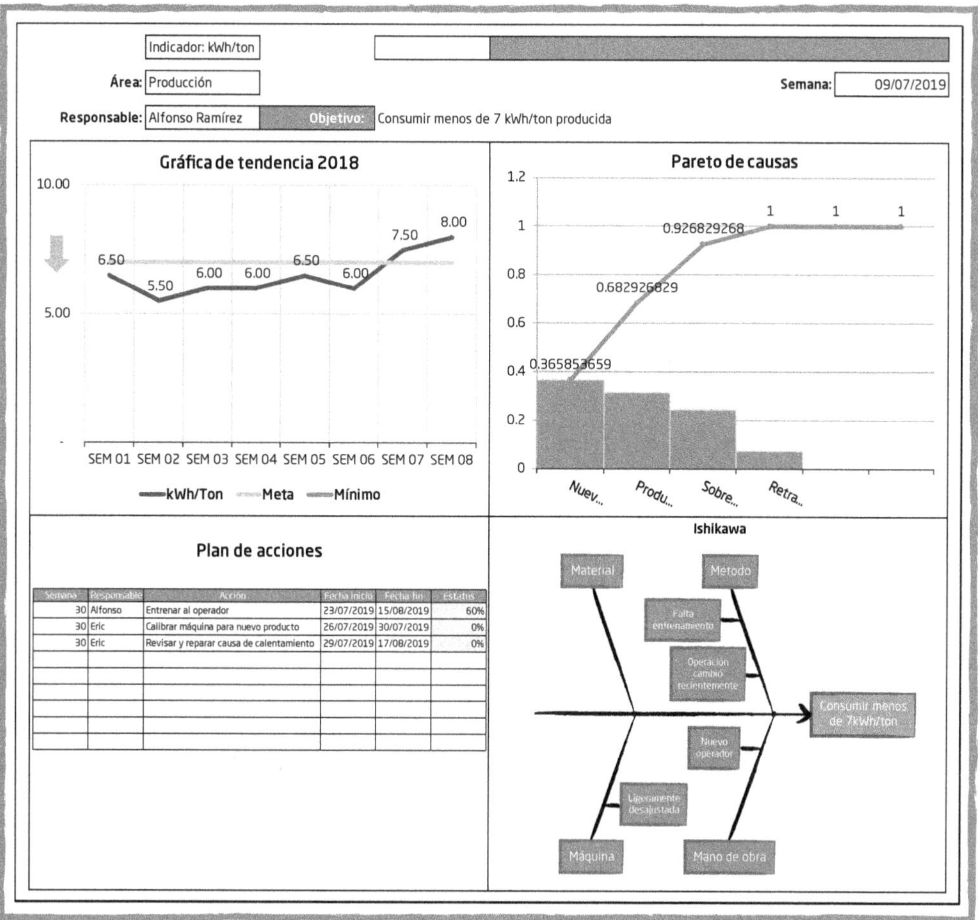

Semana	Responsable	Acción	Fecha inicio	Fecha fin	Estatus
30	Alfonso	Entrenar al operador	23/07/2019	15/08/2019	60%
30	Eric	Calibrar máquina para nuevo producto	26/07/2019	30/07/2019	0%
30	Eric	Revisar y reparar causa de calentamiento	29/07/2019	17/08/2019	0%

Figura 8.1. Tablero de los cuatro cuadrantes (4 Q).

2) **Gráfico de Pareto de causas:** el siguiente aspecto a revisar es un gráfico de Pareto con las causas identificadas, las que contribuyeron a que el indicador no llegara a la meta. En este caso se detallan las cuatro principales razones que impidieron llegar al consumo energético objetivo. Si bien queremos abordar todas las causas, cuando sean demasiadas o sea complicado impactar a todas a la vez, se puede elegir trabajar solamente con la que tiene más impacto.

3) **Diagrama *ishikawa* (espina de pescado):** aquí es donde en equipo se analizan las causas raíces probables que generaron los problemas, las que impidieron que se llegara al valor objetivo, buscando dejar solo aquellas que tienen un impacto mayor.

4) **Tabla de actividades:** una vez que se identificaron las causas raíz, se decide qué acciones se van a implementar para corregirlas, así como la persona responsable, fecha de inicio y fecha de fin.

Cada semana se revisan los compromisos y el estatus de las acciones del formato 4Q de la semana anterior, y este se va actualizando hasta que el indicador vuelva a estar en **verde.** En caso de que pasen tres semanas seguidas y el indicador siga en **rojo** sin mostrar mejoría, esa es una señal de se está abordando el problema desde un ángulo equivocado.

Lo interesante de esto es que este análisis de los 4Q se debe realizar antes de la reunión semanal de cuadro de mando entre la persona referente del indicador y su equipo. Así que cuando se lleva a cabo la reunión, solo se presenta el estudio y las decisiones que se tomaron, y tal vez solicitar alguna autorización para algún punto pendiente. Esto hace que la reunión sea más corta, pero con mejor resultado.

2　Trabajo estandarizado

Una de las herramientas clave que ayudan a la empresas a crecer, expandirse y conservar costos bajos y un alto nivel de calidad es sin duda el trabajo estandarizado. Esto es debido que al estandarizar una operación y asegurarse de que toda la plantilla ejecute la operación de la misma manera, al mismo ritmo y siguiendo los mismos pasos, se evitan las operaciones innecesarias, los errores y es más sencillo para cada persona.

El trabajo estandarizado se puede definir como:

- Es una herramienta usada para asegurar el rendimiento máximo, con un mínimo de desperdicio, por medio de la mejor combinación de operadores y maquinaria.
- Marca el ritmo de producción con documentos muy bien mostrados en la celda de trabajo.
- Se muestra en un grupo de documentos vivos que son flexibles y ayudan a entender cómo la operación cumple con los requerimientos del cliente.

Un punto muy importante es para que el trabajo estandarizado realmente funcione. No basta con traer a un experto y pedirle a esa persona que genere la documentación; muchas empresas deciden hacer esto y el resultado es que las personas, al no sentirse incluidas, no aceptan fácilmente la nueva manera de trabajar.

Es muy diferente cuando invitamos a personas clave de la operación, las mejores en la actividad o líderes a quienes la gente sigue, y las hacemos parte del equipo de estándarización para que ellas con su experiencia nos ayuden a generar los nuevos procedimientos documentados, que serán la base para el entrenamiento en trabajo estandarizado. Al hacerlo de este manera y conseguir involucrar a las personas de la operación, las probabilidades de éxito en la aplicación del nuevo método de trabajo aumentan considerablemente.

El trabajo estandarizado consiste en una serie documentos muy fáciles de interpretar, actualizados, y que constantemente cambian para ajustarse a las necesidades actuales de la actividad de la organización.

En la figura 8.2 se muestra un ejemplo de documento de trabajo estandarizado, donde se observa que es importante que contenga muchas imágenes y poco texto,

Industrias Omega				
Hoja de método de trabajo estándar				
Nombre de la parte: Respaldo		Nombre de la operación: Soldadura	No. de operación: 20	
No. de parte: Ver tabla		Días de inducción: 1 día	Fecha: 15/01/2019	
Máquina: Sold. 11		No. Todas	Hoja 1 de 1	

No.	ANALISIS DE LA OPERACIÓN SUBRAYE LOS PUNTOS CLAVE	PRINCIPALES PASOS ELEMENTOS	Razones	
			CAL.	SEG.
10	Checar condiciones de máquina	Mangueras, cables, conexiones sin fuga y flujómetro según hoja de mantenimiento autónomo.		X
20	Regular máquina y flujo de gas	Según parámetros de la hoja de proceso.		X
30	Código del soldador	Colocar la pieza sobre la mesa de trabajo y marcarla con el código asignado utilizando el dispositivo y martillo.		X
40	**No manejar manualmente piezas de más de 25 kg**			X
50	Soldar	Colocar la pieza sobre la mesa de trabajo en posición vertical, aplicar la soldadura plana de acuerdo a hoja de instrucción de inspección, girando el ensamble según se requiera. (Fotos 3, 4 Y 5)	X	
60	Colocar ensamble en tarima	Una vez soldado, colocarlo sobre la tarima utilizando el polipasto. (Foto 6)		X
70	Trasladar a limpieza	Usar el patín o montacargas para trasladarlo al área de limpieza, previamente identificados con número de parte.		X
		Elaboraron: H.M.T.S.	Pedro Martínez/Jorge Góme	

COMPONENTES: Varios	
ÍTEM	No. DE PARTE
01	2011
02	2018
03	2033
04	2052
05	2055

Foto no. 1	Foto no. 2	Foto no. 3	Foto no. 4

FII-01   REVISION DE FORMATO: 0

Figura 8.2. Documento de trabajo estandarizado.

para que sea más fácil de interpretar. Otro aspecto clave es el entrenamiento; no basta con generar los documentos y colocarlos en las diferentes estaciones de trabajo, sino que también hay que tener sesiones de entrenamiento para asegurar que las personas las entiendan y realicen sus actividades de una determinada manera. Una ventaja adicional es que estos documentos pueden servir también como una manera de auditar los procesos y comprobar que las personas están haciendo su trabajo de la manera adecuada.

El impacto del trabajo estandarizado en eficiencia energética con el enfoque Lean Energy es también muy directo. Esto es debido a que al reducir la variabilidad en la operación, los consumos energéticos por proceso o por pieza se estabilizan, y al considerar la manera más sencilla y eficiente de realizar la operación, también en consecuencia suele ser la que menor energía consume. Considerando, no obstante, que si bien la eficiencia energética es fundamental, la razón de ser de la actividad de la empresa es cumplir con los requerimientos del cliente.

Por lo tanto, como uno de los aspectos a incluir en la hoja de trabajo estandarizado es el número de operaciones, su descripción, o el tiempo de ciclo de la operación, también es importante incluir el consumo energético estimado por ciclo, en kilovatios hora, litros de combustible o gas, u otras unidades de medida.

3 Caminatas *gemba*

La gerencia de las empresas de clase mundial dedica al menos un 80 % de su tiempo a planear, capacitar y ejecutar estrategias de alto nivel, pero ¿qué hacen el resto de su tiempo?

Gemba significa en español «el lugar donde suceden las cosas».

Gemba walks es un concepto que fue desarrollado por **Taiichi Ohno**, ejecutivo de la empresa Toyota, en el que los líderes de diferentes áreas y niveles dedican un tiempo valioso a caminar por los procesos y las áreas clave, con el fin de entender, supervisar y dar seguimiento a las acciones que permiten que las buenas prácticas se mantengan como parte de la cultura.

El propósito de una caminata *gemba walk* es observar los procesos, no para evaluar las personas en su desempeño personal. Es útil para mantener la mente abierta y hacer muchas preguntas abiertas. El líder está allí para aprender, no para juzgar o para dar consejos injustificados.

Fujio Cho, quien fue presidente ejecutivo de la empresa Toyota de 1999 a 2005, pedía a sus líderes los siguientes tres premisas:

- **Vaya a ver.**
  - Los directivos deben pasar tiempo en la línea frontal.

- **Pregunte ¿por qué?**
  - Use el ¿por qué?, literalmente, a diario.

- **Muestre respeto.**
  - Respetar siempre a las personas.

Las caminatas *gemba* son rutinas en las que durante un tiempo determinado, generalmente de quince minutos a una hora, los líderes de un proceso, un área o una compañía recorren un proceso con un motivo específico, que puede ser, entre otros:

- Seguridad.
- Calidad.
- Productividad.
- Servicio al cliente.
- Mantenimiento.
- Diseño.
- Energía.

Figura 8.3. Una caminata *gemba* sirve para observar los procesos.

En el caso de la gestión de la energía, el objetivo de una caminata *gemba* es asegurar las buenas prácticas, los hábitos y las actividades encaminadas al ahorro energético y las actividades de proyectos de ahorro en esta área.

Las caminatas gemba se definen en frecuencias específicas que pueden ser semanales, mensuales, etc. Dependiendo del asunto y la situación de que se trate.

Cuando se lleva a cabo una caminata *gemba* se recomienda hacer una lista de preguntas, en este caso relacionadas con el ahorro energético, que se hacen al personal a cargo de utilizar equipos, monitorear el consumo energético y a los usuarios de máquinas y procesos, para entender si sus acciones contribuyen al cuidado del medio ambiente y al ahorro energético.

Algunos ejemplos de preguntas para una caminata *gemba* de energía son las siguientes:

- ¿Sabe cuál es el equipo o la operación que consume más energía en el área?
- ¿Conoce usted cuál es estándar de consumo energético por pieza para este proceso?
- ¿Lleva a cabo prácticas rutinarias para observar el consumo de energía y saber si se encuentra dentro de los parámetros establecidos?
- ¿Conoce las mejores prácticas de su operación que permiten un uso óptimo de la energía?
- ¿Qué acciones ejecuta usted en su área para ahorrar energía o mantener el consumo lo más eficiente posible?
- ¿Cómo se asegura de mantener su área, equipo u operación en condiciones que permitan un adecuado uso de sus recursos y que no se genera contaminación hacia el medio ambiente?

Al final de la caminata se registran las respuestas y las ideas de mejora o correctivas que se deben llevar a cabo para asegurar que las prácticas de ahorro de energía y el cuidado del medio ambiente se mantienen como se definieron o que se siguen mejorando continuamente.

4   *Katas*

Las *katas* son prácticas rutinarias que los líderes de las organizaciones ágiles utilizan para mantener a la organización en continuo movimiento, buscando la iniciativa de todos para adaptarse a las condiciones cambiantes de la actividad de la organización y que se deben practicar por líderes en todos los niveles de las empresas.

En las artes marciales cada conjunto de movimientos aprendidos y practicados se denominan *katas*. Estas series de movimientos tienen diferentes objetivos, como *katas* de defensa, *katas* de ataque y *katas* de defensa y ataque.

Cada rutina debe aprenderse y practicarse continuamente para convertirla en un hábito y para que se domine perfectamente. *Kata* representa una forma en la que Toyota gestiona la mejora continua y la adaptabilidad a situaciones cambiantes.

Generalmente, las mejoras en el sistema Toyota son llevadas a cabo mediante eventos de mejora, también llamados eventos *kaizen*. Estos eventos se realizan generalmente en cuatro o cinco días con un tema muy específico a mejorar, y con un equipo multidisciplinario de personas que integran su conocimiento, experiencia y creatividad, para desarrollar mejores formas de trabajar. Pero ¿qué pasa cuando no se llevan a cabo eventos de mejora? Las rutinas *kata* se llevan a cabo continuamente. En algunos casos cada semana para mantener siempre centradas a las personas en pensar y ejecutar mejoras.

Las *katas* se llevan a cabo al pie de un tablero llamado tablero *kata,* en el que el líder de área se dirige hacia sus subalternos, por ejemplo, con la siguiente conversación:

- Líder: Hola que tal, ¿cómo se encuentra usted?
- Colaborador: Muy bien todo, gracias.
- Líder: Estoy muy interesado en los retos que usted y su equipo tienen para el proceso.
- Colaborador: El reto en el que estamos trabajando actualmente es el consumo eléctrico por unidad entregada.
- Líder: ¿Cuál es la condición objetivo para el consumo eléctrico?
- Colaborador: Mejorar el consumo eléctrico de 12 kWh por unidad a 10 kWh, en el mes de mayo próximo.
- Líder: ¿Cuál es su condición actual?
- Colaborador: Actualmente, nuestro nivel de consumo energético es de 12 kWh por unidad producida.
- Líder: ¿Para cuándo piensa lograr su meta?
- Colaborador: Para el final de mayo del presente año. Es decir, en cuatro meses.
- Líder: ¿Qué obstáculos cree que le impiden lograr su meta?
- Colaborador: Hemos identificado que los arranques de los equipos no están sincronizados, que existen muchas fugas de aire comprimido y que el factor de potencia es muy bajo.
- Líder: ¿En qué obstáculo están trabajando?
- Colaborador: En el arranque escalonado de equipos.

- Líder: ¿Cuál es su siguiente paso o experimento?
- Colaborador: Vamos a secuenciar los arranques de las máquinas en el primer turno para validar si podemos reducir el consumo eléctrico, y a continuación vamos a probar unos bancos de capacitores para tratar de mejorar el factor de potencia.

Cuando se lleva a cabo el experimento, el líder vuelve a hacer la *kata,* haciendo las mismas preguntas antes citadas, pero también preguntando lo siguiente:

- Líder ¿Cuál fue el resultado?
- Colaborador: Logramos reducir el consumo eléctrico a 11 kWh por unidad y mejorar el factor de potencia.

De esa manera el equipo recibe al líder para realizar la *kata* pensando en qué obstáculos les impiden lograr sus metas, y deben tener en mente algunos ejercicios o experimentos a probar para continuamente acercarse a las metas que se han propuesto.

5   Conclusión

Aunque hoy en día existe un gran interés por el ahorro energético, las empresas todavía no cuentan de manera generalizada con un método sencillo y efectivo para poder identificar oportunidades en sus procesos, planificar proyectos o medidas de ahorro, y mucho menos para implementarlas y darles un correcto seguimiento.

Las buenas prácticas descritas en en este libro, combinando el poder de Lean Six Sigma y la tecnología de la industria 4.0, con factores de ahorro y eficiencia energética, hace de todo este concepto, Lean Energy 4.0, una gran oportunidad para todas aquellas personas que deseen realmente conseguir una diferencia significativa en el campo de la productividad y, sobre todo, de prácticas medioambientales respetuosas con el entorno natural. Es por eso que esperamos que Lean Energy 4.0 sea de gran utilidad, para que quede claro que ahorrar energía, puede ser fácil, rentable, y amigable con el medio ambiente.

¡Mucho éxito!

Lean Company. Más allá de la manufactura
Luis Socconini

Lean Energy 4.0. Guía de Implementación
Luis Socconini, Juan Pablo Martín

Lean Manufacturing. Paso a paso
Luis Socconini

Lean Six Sigma. Sistema de gestión para liderar empresas
Luis Socconini, Carlo Reato

Cómo hacer de la cadena de suministro un centro de valor
Angel Caja Corral

Cadena de suministro 4.0
Alberto Tundidor, Eva Hernández, Cristina Peña, Javier Martínez, Javier Campos, Carlos Hernández

El crédito documentario y el mensaje SWIFT
Luis Sánchez Cañizares

La investigación en seguridad. Del Titanic a la ingeniería de la resiliencia
Jaime Rodrigo de Larrucea

Manual del comercio electrónico
Eva María Hernández Ramos, Luis Carlos Hernández Barrueco

Sales and operations planning. S&OP in 14 steps
Cristina Peña Andrés

Economías transformadoras de Barcelona
Ruben Suriñach Padilla

Planificación de ventas y operaciones. S&OP en 14 claves
Cristina Peña Andrés

Cómo participar en ferias comerciales
Cristina Peña Andrés

Manual de prevención de riesgos laborales
Blas Gómez

La economia social y solidaria en Barcelona
Ivan Miró, Anna Fernàndez

Negociación para el comercio internacional
Cristina Peña Andrés

Manual del manipulador de alimentos
Blas Gómez

Manual de seguridad en el trabajo
Marge Books

Cómo innovar en las pymes. Manual de mejora a través de la innovación
Alberto Tundidor Díaz

Manual de estrategia de operaciones
Ángel Caja Corral

La Industria 4.0 en la sociedad digital
Antoni Garrell Guiu, Llorenç Guilera Agüera

Cerebro, inteligencias y mapas mentales
Zoraida G. de Montes, Laura Montes G.

Manual de gestión aduanera. Normativas del comercio internacional y modelos de integración económica
Pedro Coll

Guía documental para exportar e importar. Los 12 documentos clave
Alberto García Trius

Mass customization. Las claves de la personalización masiva
Blas Gómez Gómez

Crédito documentario. Guía para el éxito en su gestión
Cristina Peña Andrés, Amelia de Andrés Leal

Guía práctica de las reglas Incoterms® 2010
David Soler

Certificación Lean Six Sigma Green Belt para la excelencia en los negocios
Lean Six Sigma Institute, SC

Certificación Lean Six Sigma Yellow Belt para la excelencia en los negocios
Lean Six Sigma Institute, SC

Negociación intercultural. Estrategias y técnicas de negociación internacional
Domingo Cabeza, Pelayo Corella, Carlos Jiménez

Las reglas Incoterms® 2010. Manual para usarlas con eficacia
Alfonso Cabrera Cánovas

Regímenes aduaneros económicos y procesos logísticos en el comercio internacional
Pedro Coll

Inglés náutico normalizado para las comunicaciones marítimas
José Manuel Díaz Pérez

Shipping & Commercial Case Law
Albert Badia

Gestión financiera del comercio internacional
Josep M.ª Casadejús

Los abordajes en la mar
Carlos F. Salinas